Alberto Ivern

El arte del mimo

- ENTRENAMIENTO, TÉCNICA, INVESTIGACIÓN
- EL MIMO EN LA EDUCACIÓN BÁSICA

Ediciones **NOVEDADES EDUCATIVAS**
Buenos Aires • México

> Ivern, Alberto
> El arte del mimo : entrenamiento, técniva, investigación.-
> 1ª. ed. - Buenos Aires : Centro de Publicaciones Educativas
> y Material Didáctico, 2004.
> 176 p. ; 22x15 cm.
>
> ISBN 987-538-090-3
>
> 1. Mimos-Enseñanza I. Título
> CDD 792.307

1° edición, marzo de 2004

© **Ediciones Novedades Educativas**
del Centro de Publicaciones Educativas y Material Didáctico S.R.L.
Av. Corrientes 4345 - (C1195AAC) Buenos Aires - Argentina
Tel.: (54 11) 4867-2020 - Fax: (54 11) 4867-0220
E-mail: noveduc@noveduc.com   www.noveduc.com

Ediciones Novedades Educativas de México S.A. de C.V.
Privada del Relox #20 - Colonia Chimalistac, San Ángel, México D.F.
México - C.P. 01070
Tel./Fax: (52 5) 55 50-9728 / 55 50-9764
E-mail: novemex@infosel.net.mx

I.S.B.N. Nº 987-538-090-3

Hecho el depósito que marca la ley 11.723

Impreso en Argentina - Printed in Argentine

La reproducción total o parcial de este material, en cualquier forma que sea, no autorizada por los editores, viola derechos reservados. Cualquier utilización debe ser previamente solicitada.

A todos los mimos del mundo

Prólogo a la primera edición

Alberto Ivern, alumno, docente, artista y escritor, logra hacernos sentir jóvenes a quienes, mucho mayores que él, lo hemos podido conocer. Nos hace sentir jóvenes, porque renueva nuestra capacidad de asombro.

Ivern, profesor de filosofía, nuevamente alumno en la carrera de Ciencias de la Educación (donde lo conocí), después licenciado y siempre artista, mimo, para identificarlo más exactamente, no ha yuxtapuesto vocaciones auténticas y estudios. Ha integrado inteligentemente sus saberes y sus haceres. Ha integrado los llamados percibidos, sus vocaciones docentes y artísticas, y sus adecuadas respuestas concretas en infatigables reflexiones, investigaciones y acciones educativas. Esta obra, *El arte del mimo*, es trabajo de madurez, a pesar de la juventud del autor. Es también un aporte de sorprendente originalidad. Es el resultado de esa integración nombrada, la que ha sido lograda en niveles de calidad, de excelencia.

Ivern nos conduce, con muy buena pluma, para que podamos conocer toda la fundamentación, toda la teoría, que dan bases a sus trabajos de docente-artista-mimo.

Es que Ivern demuestra su enorme profesionalidad –quizá no consciente de ello, por su natural modestia–.

Su obra demuestra una tarea acabada de desarrollo de los fundamentos de trabajos que han sido vistos como re-presentación artística, atendiendo sólo a los caracteres lúdicos contenidos en toda la expresión artística.

Ivern da la doctrina, desarrolla la teoría, para que queden fundamentadas sus prácticas o representaciones.

La posibilidad de acceder a un muy buen tratado (no le queda grande el término a la obra comentada) sobre las posibilidades pedagógicas, en general, y didácticas, en especial, del mimo y de su uso, repetirá en los docentes experimentados el asombro que en mí provocó, pero indudablemente abrirá caminos a los docentes jóvenes para multiplicar medios creativos en los trabajos escolares iniciales y también en los posteriores.

Una última reflexión. El trabajo de Ivern muestra o demuestra que en nuestro país no están cerrados los caminos para los aportes serios y creativos. La aparición de esta obra debería verse como prueba de las posibilidades que existen para que fructifiquen las investigaciones pedagógicas, las serias reflexiones y los proyectos realizados con rigor artístico y científico.

Gracias a esa posibilidad, podemos nosotros recibir este aporte de investigación de fundamentos filosóficos, conocimientos pedagógicos, prácticas didácticas, dominio artístico y dedicación al mimo y a su generalización e inteligente uso.

El arte del mimo, en manos de docentes creativos, será una prueba de que la utopía posible de la mejor educación argentina es realizable cuando los soñadores que siguen soñando cuentan con los instrumentos necesarios para el perfeccionamiento de las nuevas generaciones.

Prof. Alfredo Manuel Van Gelderen
De la Academia Nacional de Educación
Buenos Aires, mayo de 1990

Por primera vez llega a mis manos un libro que desarrolla una teoría, una sistematización, una definición y una didáctica sobre el tema. Creo necesario citar la importancia de esta experiencia basada en investigaciones prácticas para incorporarla como parte de la bibliografía a utilizar en la enseñanza de este particular arte, y para jerarquizar la profesión en el marco de una educación por el arte.

Prof. Miguel Ángel Garzón

PRÓLOGO A LA SEGUNDA EDICIÓN

Cuando resuena en nuestros oídos la palabra mimo, enseguida nuestro cerebro se encarga de traer al presente la imagen de Marcel Marceau y su personaje Bip, su cara blanca, su sombrero, sus tiradores; pero este arte difundido en todo el mundo encuentra su identidad en cada uno de los países donde el "lenguaje de la acción" y lo corporal perduran por sobre los avances tecnológicos de vanguardia. El cuerpo siempre tiene algo con qué sorprendernos y en Latinoamérica este arte se encuentra en pleno desarrollo. Desde hace treinta años se vienen realizando congresos y festivales latinoamericanos y nacionales. La Asociación Argentina de Mimo, generadora de estos festivales y creada en aquel entonces por mimos provenientes de distintas provincias argentinas residentes en Buenos Aires, a instancias de Alberto Sava, agrupa a mimos de los más diversos estilos, como Ángel Elizondo y su Escuela y Compañía Argentina de Mimo, Expresión y Comunicación corporal, con una búsqueda contemporánea, teatral; Roberto Escobar e Igón Lerchundi y su Escuela de Mimo-Teatro, con una línea clásica; el propio Sava con su Teatro Participativo, en una línea experimental. Tanto en Buenos Aires como en el interior del país se destacan compañías y mimos profesionales como Willy Mangui; Carla Giúdice; Pablo Bontá (director de la Compañía Buster Keaton); Daniel Berbedes; Alberto Ivern (creador del Centro de Investigación y Producción de Mimo y Teatro Corporal, inaugurado por Marceau en Buenos Aires); Enrique Federman; Gerardo Baamonde; Héctor Segura; Rodolfo Sardú (director del Mimoteatro de Bernal); La Compañía Viñetas; el grupo Scaramuza; Mariano Guidi y Sebastián Baldi (Mar del Plata); Juan Carlos Carta (director de la compañía Círculo de Tiza de San Juan); Carolina Rosi (Córdoba); La Persistencia Equipo Teatral (Río Negro); Efraín Quinteros (director de la Compañía Yuraj Uya en Jujuy y organizador de los encuentros "Mimo danza al Norte"); Raúl Bruschini (Santa Fe) y Juan José Vitale (de la escuela de mimo de esa provincia); La Compañía Mimos On (La Pampa). En México se destacan, entre otros, Miguel "chispa" González; Teatro Cuerdas: Rubén Herreras; Alfonso López Vargas; Camaleón Teatro Corporal. En Brasil, Miqueias Paz y Larissa Malty; França Cléber; Eduardo Coutinho; Everton; Santiago Galassi; Jiddu Saldaña; Marcos Siquiera; Josué Soares; Solar Da Mímica; Dense Stoclos; Centro Teatral E Etc e Tal; Toninho, entre otros. En Chile, la tierra del recordado Noisvander y en la cual se realiza un original festival de mimo de sordos, y donde han existido compañías de mimo como la de Clarita Lillo, se destacan entre otros Fernando Catalán; Eduardo Christian, Leopoldo Martínez. En Uruguay, Elizabeth Motta, Mimonarcas. En Perú: Juan Arcos, Carmen y Juan Piqueras y la extraordinaria Compañía de Hugo & Inés. En Cuba: Olga Flora; Omar Amador y Julio Capote. En Ecuador: Natalia Emma; José Vacas; Eduardo Naranjo. En Puerto Rico, la Compañía Polimnia (Physical Theatre); Gilda Navarra; Luis Bolívar y los intérpretes Sorely Muentes e Iván Olmo, creador del Festival internacional de Mimo y Teatro Físico del Caribe.

A estos nombres podríamos agregar machismos otros, tanto actuales como del pasado reciente, y la lista sería felizmente ¡interminable! Cada mimo desde su ciudad, cada artista latinoamericano, se identifica y se apropia de un estilo y contribuye a la permanente evolución de su arte. El nuevo milenio nos encuentra con la necesidad de abrir el panorama y asociarnos a otras disciplinas que nutren al mimo: desde el maquillaje, el vestuario, la iluminación, la dirección, la dramaturgia hasta lo que se refiere a lo organizativo.

Es por eso que en la formación es indispensable leer, ver espectáculos, observar detenidamente videos, y también tener una conciencia de registrar todo lo que vamos haciendo, como se hace desde hace 30 años con los congresos y festivales latinoamericanos y nacionales de mimo que organiza la Asociación. Es sabido el escaso material sobre el tema que existe en el mundo, de allí la importancia de encarar una investigación seria, y transmitirla. Nuestro país cuenta hasta hoy con sólo dos libros sobre mimo: *El Arte del Mimo*, de Alberto Ivern (publicado por primera vez en 1989, y de cuya reedición nos ocupamos hoy) y *Mimografías*, de Víctor Hernando (1996), y con la revista *Movimimo*, dirigida y editada por Víctor Hernando desde hace más de 20 años, la que refleja el acontecer de nuestro arte con perseverancia y tesón.

En este trabajo, Alberto Ivern conjuga su capacidad artística como mimo con su talento de pedagogo y especialista en educación, volviendo a ofrecernos una obra que muestra la vigencia y la importancia de generar una teoría que se haga praxis en el cuerpo de cada uno de nosotros, pudiendo "transpirar el concepto" de lo aprendido.

Pablo de la Cruz Sabor
Presidente de la Asociación Argentina de Mimo

Introducción

Imaginarnos[1]

Nos propusimos concebir un cuerpo sin brazos ni piernas. Sin rostro siquiera, pero que fuera todo energía, que contuviese toda la energía del universo. Entonces imaginamos –fue irrefrenable este atrevimiento– la agitación de los mares a merced de invisibles huracanes, y el rugido creciente de volcanes en las íntimas entrañas de la tierra; la tensión en las alas de incontables vuelos y el vértigo de la sangre en los elásticos laberintos de las venas; los interminables estallidos de los astros y toda otra manifestación de la energía cósmica, condensada en este ser viviente. Un ser que era sólo eso: energía palpitante. Y aunque no tenía manos ni brazos ni piernas, ya colmaba hasta el éxtasis nuestro asombro.

Pero no pudimos detenernos. Necesitamos imaginar qué ocurriría si ese ser tuviera ojos. Si mirara y nos mirara. Y si tuviera nariz y nos oliera, boca y nos dijera. Si tuviese oídos y todo lo escuchara... Imaginamos –casi no podía caber en nosotros semejante ocurrencia– su cabeza asomándose por primera vez a la escena del mundo, interrogándose, inquiriendo, demandando, exigiendo.

No era fácil arriesgarse a concebir ese ceño, fruncido o distendido, esos labios intermitentes; ¡abismarse en el enojo de la energía universal o en un beso suyo! Pero seguimos, ¡fuimos por más! (y nadie piense que imaginar es estarse allí al resguardo del viento, pues al contrario es convertirse en ese viento desnudo y arriesgarse en cada hendija, en cada precipicio, en el absoluto desamparo de la decisión personal).

Si esa cabeza tuviese un cuello –nos atrevimos– que le permitiera girarse, asomarse, impetrar un sí, un no, dejarnos temblando con un inquietante tal vez o sumirnos en la insoportable duda de un no sé...

Cuando quisimos acordar, aquello que parecía apenas una prolongación indebida de ese cuello, una cola ensanchándose, comenzó a blandir el tronco hasta sentarse. Vimos la cabeza erguirse hasta la cima de ese latigueo vertebral de su columna, espiando desde todos sus sentidos.

Apenas asumíamos que era nuestro propio deseo de imaginar a un ser tan fabuloso lo que movía de aquella forma esa columna. Recogiéndose en un rezo silencioso o encorvándose hacia el cielo como un puente despechado.

Sólo la alforja perforada de nuestra imaginación puede anhelar el mar después de beberse el río. ¡Ah, si tuviera una mano!, nos dijimos, con sus dedos abriéndose y cerrándose. La energía universal golpeando su puño, suplicando, indicando, señalando, acariciándolo todo, acariciándonos.

Imaginamos sus brazos estirándose, penetrando los mundos reales y posibles con sus ademanes inequívocos y sus temores ambiguos temblándonos el alma. Porque las manos dudaban, la columna decidía, los ojos medían... ¡el cuerpo pensaba...! Y no quisimos detenernos (¿cómo hubiésemos podido hacerlo?). Continuando un salto ya emprendido aparecieron las piernas, fuertes y ágiles. La energía universal se agazapaba, aferrándose al suelo del disecado mar, decidiendo ¡sus primeros pasos!, olfateando en las nubes la humedad de sus raíces, buscándose en el olor de cada huella... No, no pudimos detenernos: ¡habíamos empezado a imaginar al hombre!, ¡a imaginarnos!

Nota
1. Extraído de Ivern, A., *Apuntes sobre mimo y teatro corporal*, Buenos Aires, Ce.La.I., 1986.

Capítulo 1

Entre el pasado y el futuro

Comienzo y evolución del mimo

Período pre-representativo

Desde que el hombre comenzó a organizarse para sobrevivir practicó la "mimesis" o imitación de las cosas para comprenderlas y para dominarlas, según la antigua creencia de que lo semejante atrae a lo semejante. Mimaban un hecho para que ocurriera o para que no perdiera la energía con la que había ocurrido la primera vez.

Período Greco-Romano

Con las civilizaciones griega y romana, la mímica se separa de su primitiva inserción ritual y comienza a ser "representación".

El "actor" ya no será una tribu inspirada en su propia necesidad de comer o de sobrevivir, sino que empezará a ser un individuo que actúa para entretener a una sociedad deseosa de divertirse. Representará como un espejo los vicios y virtudes de sus espectadores; tratará de sorprenderlos haciendo lo que ellos no se atreven a ritualizar.

Sustituto de la "pallana", el mimo reproduce personajes y situaciones reales y fantasiosas, calificadas como morales o inmorales según el capricho de cada emperador.

Hacia el final del Imperio Romano, los espectáculos de mimo se volverán una diversión más, y –como tales– mezclados entre comediantes y juglares se irán expandiendo por Europa.

Si recordamos algunas características de aquello que dio en llamarse "mimo", en este gran período greco-romano, encontraremos mezcladas nuestras raíces con nuestros desarraigos.

Escritores e histriones producen farsas licenciosas en Grecia, cultura que a su vez genera al mimo desde la danza. A ello se agregan música y coros al llegar a Italia.

No es difícil imaginarnos un espectáculo de "mimo" ante un emperador romano. Un solo intérprete encarna varios personajes, cambiándose las máscaras y el vestuario.

A la quironomía (hablaban con las manos sugiriendo obscenidades) y los sugestivos silencios del mimo, llenados con la imaginación de los espectadores; a la música, al coro, a las máscaras y al vestuario cambiante se irán agregando decorados, desfiles de personajes, animales, atracciones circenses y acciones desconcertantes en grado creciente, al punto de llegar a quemar vivos a los actores como parte del espectáculo.

Saltimbanquis, bufones, farsantes, bailarines, acróbatas, músicos, recitadores, poetas, escritores…, empujados primero a desencadenar atrocidades para divertir y luego a huir de la censura; el arte del mimo está aún adentro de todos ellos.

Tampoco aparecerá como disciplina independiente en el período latino, con la "Commedia dell' arte".

Período latino

Falsos sabios, cortesanas o lacayos astutos, barberos políglotas, médicos de ocasión… son caracterizados por medio de personajes tipo (arquetipos) denominados Arlequín, Polichinela, Casandra, Colombina, Ruzzante, Rinoceronte y representados cada uno por un actor del grupo. Sobre esa base cada actor habla, modula su rostro (mímica), hace piruetas, improvisa.

Los cómicos italianos en la corte de Francia (s. XV) son el hecho histórico que marca el nacimiento de un nuevo período que se prolongará hasta fines del siglo XIX.

La pantomima arlequinada del siglo XIX

Mezclado entre los espectáculos de "curiosidades", al mimo se le prohíbe hablar en varias oportunidades antes de que él mismo decidiera desarrollar un lenguaje propio, independiente del habla (Debureau, Decroux, Barrault).

Ya en los siglos XVI y XVII, los cómicos son obligados a silenciar sus críticas a los personajes de las comedias de costumbres y a las autoridades.

En el s. XVIII, Alard intenta hacer "Piezas mudas", con títulos y tableros explicativos. Pero los espectadores no entienden las escenas, excepto cuando se reparten textos aclaratorios y los actores subrayan con sus gestos las acciones recitadas.

CAPÍTULO 1   Entre el pasado y el futuro

A la prohibición expresa de hablar (1807) se sucede algo peor: en 1810 se autoriza la representación de escenas con dos personajes, pero sin acción ni continuidad, para que no compitieran con el teatro literario, dificultando así el desarrollo dramático de nuestra disciplina.

Hasta mediados del siglo XIX se denomina "pantomima" a los espectáculos "mudos" en general (aunque el término significa "todo mimo", sin danza ni comedia). Existen, de hecho: la "pantomima-ballet" (movimientos de la acción); parodias con mutación de personajes y recitado de textos; fantasías mezcladas con magia e ilusionismo y, sobre todo, "arlequinadas" (escenas grotescas –entre otras– de danza y acrobacia).

Todos estos estilos quedan englobados bajo el nombre de pantomima, mientras que las obras tragicómicas con cierta estructura dramática son llamadas "mimodramas".

La pantomima arlequinada es parte de los espectáculos que ofrecen las familias circenses (circo, mimo, ballet, música), como la de Jean Gaspar Debureau. Existen también pantomimas ambulantes (los Niesmecsek, los Cossard, los Blanchard); mimoacróbatas (Philip Laurent y otros).

Los personajes de la Comedia del Arte (Arlequín, Pierrot, Casandra) se siguen reencarnando una y otra vez como en "Boeuf enragé".

Durante todo este período, el mimo parece estar destinado a hacer reír, a convertirse en un arte ingenuo o a estar ligado a otros entretenimientos. Hacia 1860, Charles Debureau representa proverbios con dos o tres personajes, fantasmagorías, sombras chinescas y marionetas. Y en 1862, "Las memorias de Pierrot", en el teatro funambulés, como mirando hacia atrás toda esa gran tradición.

Pero, en 1820, Jean Gaspard, su padre, había sembrado una semilla al declarar que la palabra era un fraude por parte del mimo y al encontrar una comunicación directa con los espectadores encarnando personajes populares. Había hecho reír a sus contemporáneos representándolos tal cual eran y caracterizándolos por sus acciones y ocupaciones.

La mimesis de las acciones naturales, hilvanadas en pequeñas historias, representó un hallazgo sorprendente, sintetizado en el epitafio de su tumba: "Aquí yace el hombre que dijo toda la verdad sin pronunciar palabra alguna".

El "mimodrama", en cambio, no tuvo aceptación, al menos por el camino que pretendió transitar Chapfeury.

Hacia 1855, habían comenzado a surgir escritores de pantomima y ello dio lugar a la pantomima realista. Su recurrencia a lo macabro no nos permite saber si fue ese particular estilo el que produjo un rechazo o si a la pantomima le estaba vedado ocuparse de problemas espirituales. Mientras tanto, la pantomima formó parte –desde el s. XVII al XIX– del tradicional *music hall* inglés, llevado luego al cine por Charles Chaplin.

El mimo como lenguaje

La enseñanza de Debureau es rescatada por Etienne Decroux, quien marca el comienzo de un nuevo período, acaso todavía oculto por la vigencia de la tradición arlequinesca y bufona del período anterior.

Más que por sus éxitos personales, conocemos a Decroux por dos de sus discípulos, que lo abandonaron: Jean Louis Barrault y Marcel Marceau.

Barrault define al mimo como "arte del silencio" y considera al "gesto" (tomado en sí mismo) como articulador de un discurso (comparable a las partes recitadas de una comedia); también lo considera como "materia poética".

Marceau irrumpe, hacia 1947, con Bip (primo lejano de Pierrot), patinador, escultor, ciclista, pintor, atleta... (pantomima de estilo).

Mima tanto al vendedor de la fiesta de barrio, como al voceador de periódicos, a los pasantes de un parque, al trabajador clandestino de un mercado, todos personajes ya conocidos por los espectadores. E, incluso en 1952, en su mimodrama "Pierrot de Montmartre", representa los personajes de la Comedia del Arte.

Su éxito, rotundo desde entonces, lo convierte en "heredero" directo de la tradición del siglo XIX tan bellamente depurado por Debureau, y aun de los escasos intentos en esa dirección de su maestro Decroux.

En sus últimas representaciones, Marceau evidencia una nueva evolución y refinamiento técnico y argumental, a pesar de que representa generalmente los mismos cuadros con los que compone espectáculos, sin un hilo temático unitario.

El estilo de Marceau se compone, además, de otro elemento con el cual a menudo se identifica al mimo en la actualidad, al que llamaremos "figuras clásicas del mimo", que tendrán un apartado especial en este libro.

Pero, al menos antes de tener su propia escuela en París, Marceau nos decía: "¿quieren un maestro? Vayan a estudiar con Decroux... ¡Ah...!, no le digan que los mando yo...".

¿Quién era Decroux? Si Marceau no es un modelo de sus enseñanzas, ¿en qué consistían éstas? ¿Por qué estamos pensando que inaugura un nuevo período que todavía no puede percibirse?

Capítulo 1 — Entre el pasado y el futuro

En sus primeros y últimos trabajos como actor-mimo, Decroux reprodujo los gestos de un boxeador, un carpintero, un luchador, a partir de la observación e imitación de los movimientos naturales, o los movimientos de una máquina, así como un antiguo combate y varios deportes. Pero este entroncamiento con Debureau fue sólo un punto de partida, no su propio camino.

En efecto, luego de considerar a Debureau como máxima figura del género –que sucesivamente se habría ido adulterando con la palabra, el canto y la música–, Decroux considera que el mimo "auténtico" excluye los movimientos del rostro –corolario de la palabra– y que las manos no deben ser más que accesorios, no medios de expresión. Cubrirá su rostro para revalorizar los movimientos del cuerpo total, y especialmente del tronco como centro de expresión.

Luego de esa breve incursión en la actuación –con la que obtuvo escasa resonancia–, propone su primer curso: "El arte de no hacer gestos y la manera de no hacerlos" (1930).

Decroux no sólo pretende diferenciarse de la danza, del teatro hablado y de las demás artes, sino particularmente de la pantomima tradicional. Se despoja de la gesticulación exagerada, de la palabra, de los ademanes..., es decir, de todo lo que tenían los pantomimos, porque es dueño de una gran intuición y de un gran anhelo: poder hacer visible la energía de la mente a través del cuerpo y poder articular esa expresión según un código adecuado, una gramática. A este "gran proyecto" dedicará toda su vida, intuyendo incluso que ésta no alcanzará para realizarlo.

¿Cuál es la apertura, cuál es el movimiento orgánico, muscular a través del cual el espectador percibirá el pensamiento del actor? ¿Cómo ocurrirá esta comunicación?

Será preciso localizar cada músculo para que se vuelva presente, para que en el mismo momento en que el actor "sienta" o "piense" algo, ese músculo participe espontáneamente de ese estado psíquico y lo haga visible con naturalidad, no comandado por un coreógrafo sino como reacción espontánea del propio actor.

Se comprende, pues, que no lo conmueva demasiado la "ilusión" de estar subiendo una escalera (imaginaria) o de estar tirando de una cuerda (sin tenerla realmente), ni cualquiera de las demás figuras con las que Marceau deslumbra al mundo entero. Su meta era lograr la pura expresión a través del movimiento puro; el invisible pensamiento hecho visible, corporizado; el pensamiento y el símbolo que el cuerpo pudiese expresar frente a un público; el poder mostrar algo que no fuese una acción ya conocida (para que al re-conocerla se sonriera), ni tampoco un concepto que pudiese decirse con palabras.

Quizás podríamos decir que su propósito, más que comunicar algo, era el de ser una comunicación con los otros, como en los antiguos rituales.

Sin duda, Decroux representa una ruptura con la tradición del siglo XIX y con su proyección en el siglo XX. De hecho, no tiene relación alguna con Georges Vague (el último Pierrot conocido en nuestro siglo) y no se interesa por las "morisquetas" de Marceau. A pesar de su primer encantamiento con Debureau, su verdadera cuna es el teatro (fue actor con Charles Dullin durante 10 años) y su inquietud original por el mimo no fue otra cosa que la de revalorizar el cuerpo como el elemento sin el cual el lenguaje teatral (la comunicación entre un actor y un espectador) no podría existir.

Recién alrededor de 1940 quedan sentadas las bases de una nueva disciplina que Decroux denominó "mimo corporal" y que nosotros denominaremos simplemente "mimo".

Sobre esta base puede continuarse la edificación de la gramática corporal, recuperarse la estructura teatral del mimodrama, rescatarse la vitalidad de la tradición del siglo XIX y todos los elementos que puedan enriquecer el arte del mimo, sin desnaturalizar su identidad. Sobre esta base pueden asentarse las investigaciones y plasmarse los más diversos estilos mímicos.

Jacques Lecoc contribuye a este desarrollo del mimo desde las técnicas de improvisación teatral y desde el uso creativo de máscaras y elementos.

En todas partes del mundo, el mimo está recibiendo aportes de la danza, de la expresión corporal, de las artes marciales y de todas las disciplinas artísticas desde las cuales se acercan al mimo los investigadores actuales.

Contemporáneamente a estos esfuerzos, han ido apareciendo espectáculos, solistas y compañías de mimo, quienes irán plasmando con sus trayectorias concretas los múltiples estilos posibles.

Personalmente, y como parte de este proceso histórico, sentimos la necesidad de contribuir humildemente a él intentando una primera sistematización de la experiencia propia y de lo que hemos visto y oído, seguros de equivocarnos más si no hacemos nada.

Capítulo 1 | Entre el pasado y el futuro

Necesidad de una sistematización

a) Pocos saben que el mimo nació como disciplina teatral independiente hace menos de 50 años; que es tan diferente de la danza o del teatro como lo es de la "pantomima"; y que está en su primera fase de evolución y experimentación.

b) Pocos conocen la importancia del entrenamiento del mimo como recurso de autoconocimiento, autoexpresión, desarrollo de la autoestima y creatividad, ni sus innumerables aplicaciones en el terreno de la educación, la salud y la cultura.

c) La ausencia de una verdadera literatura didáctica sobre el tema, y la enorme difusión de un estilo interpretativo único, dificultan el desarrollo de esta disciplina:

- No existe una "teoría del mimo" y, por ello mismo, no existe una literatura "didáctica" que nos brinde las "claves" para aprehender, para escribir o para dirigir obras de mimo. Mucho menos una guía para investigar en algunas de las áreas mencionadas.
Algunos libros abundan en minuciosos detalles explicativos sobre las figuras tradicionales ya conocidas o bien en expresiones poéticas sobre la "magia" del mimo, que generan más bien "admiradores-repetidores" que conocedores, investigadores o recreadores.

- A esta orfandad propia de los comienzos de toda disciplina, debe sumársele una circunstancia a la vez feliz y peligrosa. Para comprender el peligro que corre nuestra disciplina a raíz de esto, imaginemos que de pronto nos encontráramos frente a un grupo social que conoce sólo a Beethoven y que, por lo tanto, sólo admira, imita, critica y escucha a este gran músico y a sus imitadores.
Si en este momento tuviésemos la posibilidad de hablarle a ese grupo social, ¿qué le diríamos?, ¿no hablaríamos acaso de muchos otros grandes autores y de otros estilos, así como de la posibilidad de producir nuevas músicas y de utilizar la música para mejorar la calidad de vida?
Pues bien, la irrupción en el mundo de un extraordinario mimo como Marcel Marceau representó el conocimiento, por parte de la sociedad actual, de un estilo, de un autor y de un género mímico particular, indiscutiblemente aceptado como bellísimo por multitudes de espectadores.
La reproducción de ese solo estilo en legiones de imitadores y de escuelas que enseñan sus gestos y figuraciones, cuando no sus mismos argumentos, significó de algún modo la postergación de otros

diversos estilos y géneros mímicos interpretativos, como también el avance en la aplicación de las más diversas técnicas –surgidas a partir de pacientes investigaciones– a la educación, a la cultura en general, a la salud.

Esas investigaciones son numerosas y existen, como vimos, desde el nacimiento mismo del mimo como arte escénico independiente.

d) En nuestra cultura se tiende a reprimir el afecto y la transparencia delatadora del gesto y de la actitud, a reprimir la acción física y el movimiento como indicadores de nuestra interioridad, se tiende a estereotipar y encasillar las manifestaciones de libre expresión y a encerrar la vida en conceptos explicativos: es "lógico" que en tal contexto esas investigaciones sean aprovechadas tan sólo por los pequeños círculos de "locos" que se atreven a practicarlas y a quienes por su escaso número se considerará "marginados".

Es, por lo tanto, responsabilidad de los agentes de cultura dar difusión a los resultados de nuestras investigaciones para que no quede la sociedad toda marginada de las posibilidades de autoconocimiento, autoexpresión y comunicación de emociones e ideas que brinda el mimo.

Utilidad de este trabajo

Procuraremos explicitar, en forma sencilla y práctica, un modelo teórico desde el cual los interesados en el mimo puedan profundizar su investigación.

Conviene leerlo antes de ver el video didáctico con igual título / que acompaña esta edición, , donde se acentúan las imágenes de lo que aquí se explicita conceptualmente.

Ver el video y comprender estos conceptos no nos convierte en mimos, así como el poseer un arado y un tractor, tierra, semillas y aun el conocimiento de las leyes de la siembra, no nos hace campesinos.

Sirve para saber un modo de empezar y para perfeccionar lo que ya hayamos hecho; sirve como uno de los modos de organizar lo que ya hayamos descubierto. Sirve para discutir y superar esta propuesta mediante otros modelos más completos que entre todos iremos conformando desde la práctica y la reflexión.

Sirve para aplicar algunas técnicas de entrenamiento a los diversos niveles de la educación formal y no formal, a la educación especial, a la educación por el arte en general, a la salud y a todas las actividades humanas que se asientan en la consideración de la persona como sujeto de su actuar.

Capítulo 2

Qué es el mimo

Algunos sostienen que toda definición que pretenda abarcar la riqueza concreta de esta disciplina es un cerco que ahoga su evolución, permitiéndose sólo imágenes tan abstractas como "el arte del silencio" o "la poesía del movimiento" o "la magia del gesto".

Otros pretenden que toda definición es provisoria y subjetiva, y que no es la nuestra una época en la que deba ponerse el acento en lo que diferencia un arte de otro, sino en lo que todas las artes tienen en común, como si cada una fuese un enfoque complementario cuya vocación última es la inter o la transdisciplinariedad.

Otros, en cambio, consideran útil restringir la disciplina a lo que tiene de específico y sostienen que este diferenciarse de las demás le permitirá sobrevivir, consolidarse, lograr adherentes y evolucionar, enriqueciéndose sin perder su identidad.

Pero, más allá de la probable utilidad o inutilidad que puede brindar una definición "dogmática", y aun más allá de la utilidad que pueda tener para nuestro lector una definición de algo antes de conocerlo, lo cierto es que en primer plano aparece inevitablemente la pregunta: "¿qué es el mimo?"

Ante tal exigencia, algunos ensayan definiciones "negativas", como "el arte de decir sin hablar", remarcando así lo que "no hace" un mimo (tradicionalmente) y atribuyendo sólo al mimo esta característica -la de no pronunciar palabras-, que es en realidad patrimonio común de casi todas las artes (escultura, pintura, música, danza).

Otras definiciones surgen para contraponer el mimo a algunas de esas artes: si la danza es "vuelo y movimiento", la mímica es lucha y acción; si la literatura dramática se apoya en lo que el actor dice, el mimodrama se apoya en lo que el actor hace y en cómo lo hace... En estas definiciones, el mimo entrevistado se compara con lo que él cree que son cada una de las otras artes, como si efectivamente pudiese definirlas de un golpe. Pero apenas un actor explica que el teatro no es sólo hablar y un bailarín afirma que la danza no es sólo vuelo o movimiento, nuestra disciplina parece reducirse a una mera ponderación, una exageración de algo que ya hacen –aunque sea mínimamente– las demás.

Hay quienes sostienen que eso es lo que ocurre siempre que surge algo nuevo; que lo "nuevo" no es sino una ponderación de cosas que ya estaban, pero que estaban minimizadas, desjerarquizadas o dispersas, o bien mezcladas entre muchas otras, y que el "creador" las supo detectar y sacar a relucir, como quien descubre el oro que "ya estaba" desde hacía siglos al lado de un pueblo pobre, o mezclado entre las piedras de un río.

Del contacto con otras disciplinas, el mimo parece salir enriquecido. Escuchamos definiciones analógicas según las cuales "el mimo es poesía", porque representa "metafóricamente" la realidad (acaso del único modo que ella puede ser asida por el arte); "el mimo es escultura", porque por medio del movimiento autoconducido el mimo esculpe sus actitudes, gestos y figuras, siendo él mismo mármol y escultor de sus emociones internas.

En esta misma línea, escuchamos decir que "el mimo es un mago" que, en lugar de hacer desaparecer objetos visibles, hace aparecer los invisibles, pues corporiza las emociones, desnuda las intenciones, con la misma naturalidad con la que cristaliza muros y escaleras, haciendo que el espectador lo "vea" arriba de un edificio o en el fondo de un precipicio, sin haberse movido de una baldosa. El mimo resulta, pues, un "contrapunto" entre lo visible y lo invisible.

Consultados acerca de "qué es lo que no podría dejar de tener un mimo", los alumnos[1] dicen: "ingenio", "ternura", "expresividad", "técnica".

Todas estas definiciones –y muchísimas otras que no mencionamos– son válidas y estamos seguros de que no podríamos acuñar otras mejores. Sin embargo, creemos que desde una perspectiva didáctica es posible avanzar en un análisis que diferencie e integre tanto los varios aspectos a los que éstas aluden como otros que no se tuvieron en cuenta en cada una de ellas.

La primera gran diferenciación consiste en considerar, por un lado, lo que significa "ser mimo" (su identidad, su conciencia de sí) y, por otro, lo que significa "hacer mimo" (en este caso, hacer una obra de mimo, llevar a cabo un producto estético llamado "obra de mimo").

Dentro de las artes escénicas, "hacer mimo" significa expresar y comunicar emociones, ideas, situaciones reales o ficticias, por medio de acciones, actitudes y gestos. Las acciones tienen un motivo que les da origen, desarrollan un conflicto y tienen por lo general un desenlace. Es decir, que relatan una historia o drama. A la vez, constituyen un código, un lenguaje y poseen una estructura espacial y temporal.

Con respecto a la imagen que un mimo tiene de sí mismo –sobre todo gracias a su entrenamiento–, el mimo siente que él mismo es una totalidad corporal en la que, por supuesto, interactúan diferentes "partes".[2]

CAPÍTULO 2 Qué es el mimo

Gráfico 1: MODELO TEÓRICO PARA INVESTIGACIÓN, MIMODRAMATURGIA, ACTUACIÓN Y DIRECCIÓN

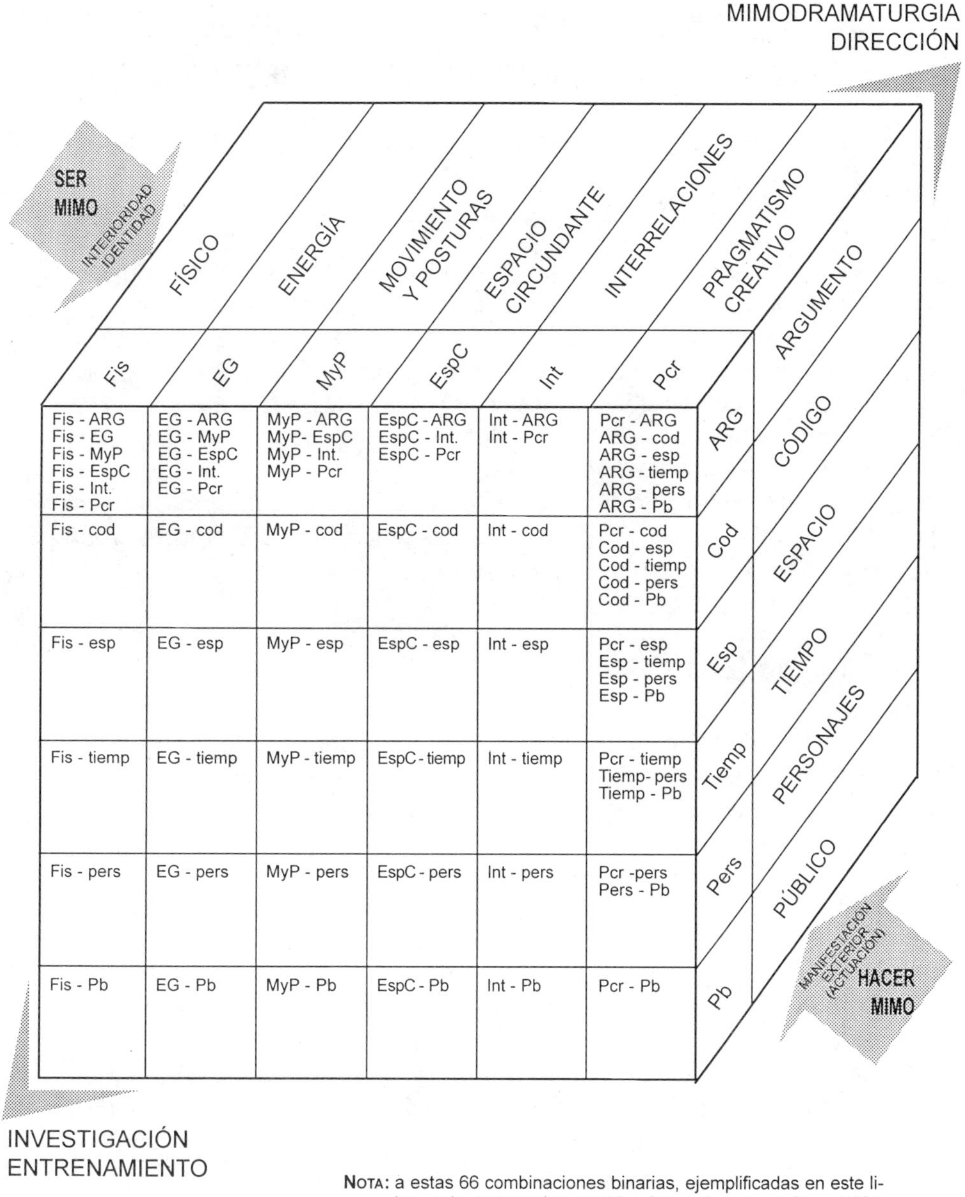

MIMODRAMATURGIA
DIRECCIÓN

SER MIMO — INTERIORIDAD / IDENTIDAD

FÍSICO · ENERGÍA · MOVIMIENTO Y POSTURAS · ESPACIO CIRCUNDANTE · INTERRELACIONES · PRAGMATISMO CREATIVO

ARGUMENTO · CÓDIGO · ESPACIO · TIEMPO · PERSONAJES · PÚBLICO

Fis	EG	MyP	EspC	Int	Pcr		
Fis - ARG Fis - EG Fis - MyP Fis - EspC Fis - Int. Fis - Pcr	EG - ARG EG - MyP EG - EspC EG - Int. EG - Pcr	MyP - ARG MyP- EspC MyP - Int. MyP - Pcr	EspC - ARG EspC - Int. EspC - Pcr	Int - ARG Int - Pcr	Pcr - ARG ARG - cod ARG - esp ARG - tiemp ARG - pers ARG - Pb	ARG	CÓDIGO
Fis - cod	EG - cod	MyP - cod	EspC - cod	Int - cod	Pcr - cod Cod - esp Cod - tiemp Cod - pers Cod - Pb	Cod	ESPACIO
Fis - esp	EG - esp	MyP - esp	EspC - esp	Int - esp	Pcr - esp Esp - tiemp Esp - pers Esp - Pb	Esp	TIEMPO
Fis - tiemp	EG - tiemp	MyP - tiemp	EspC - tiemp	Int - tiemp	Pcr - tiemp Tiemp- pers Tiemp - Pb	Tiemp	PERSONAJES
Fis - pers	EG - pers	MyP - pers	EspC - pers	Int - pers	Pcr -pers Pers - Pb	Pers	PÚBLICO
Fis - Pb	EG - Pb	MyP - Pb	EspC - Pb	Int - Pb	Pcr - Pb	Pb	

MANIFESTACIÓN EXTERIOR (ACTUACIÓN)
HACER MIMO

INVESTIGACIÓN
ENTRENAMIENTO

NOTA: a estas 66 combinaciones binarias, ejemplificadas en este libro, cabe agregar las combinaciones de tres o más variables.

Ser mimo
ASPECTOS DIFERENCIABLES QUE CONFIGURAN LA IDENTIDAD DE UN MIMO, A PARTIR DE SU ENTRENAMIENTO Y SU TRABAJO INTERPRETATIVO

Físico (Fis)

Una parte de lo que somos lo constituye nuestro "ser físico", nuestro ser "esqueletal", nuestro ser muscular, nuestro ser "visceral".

Nuestro autoconocimiento nos permite localizar en nosotros infinidad de sub-partes: desde las grandes zonas (cabeza, tronco, caderas, piernas, brazos), subdivisibles a su vez en zonas más pequeñas y diversas contexturas, hasta las partes que tienen un significado particular, como la columna, las articulaciones, la cabeza.

Son parte de nuestro ser físico: el peso, el volumen, la forma, las propiedades de elongación y resistencia, las posibilidades de modificación dentro de las leyes biológicas, etcétera.

Energía (EG)

Bajo el nombre genérico de "energía" consideramos la decisión y la fuerza del actuar que diferencia a un ser vivo de su cadáver. Nos interesan, especialmente, la actividad de pensar entendida como autogobierno de ideas y movimientos, la actividad de evocar y corporizar situaciones primarias (percibidas a través de los sentidos), la sensopercepción, la actividad de evocar y corporizar sentimientos y emociones (sentir miedo, omnipotencia o placer, actuar con odio o con amor).

Pensar, sentir, emocionarse, son consideradas aquí acciones, decisiones.[3] No algo que "tenemos" sino algo que "somos", al igual que su manifestación:[4] soy odio, soy amor, soy heroicidad, soy temor…

La energía gobierna los diversos grados de tensión o distensión muscular, la apertura o encerramiento de las figuras o esquema físico, todo lo que en general llamamos "calidad de movimientos" y, por supuesto, su coordinación (psicomotriz).

Movimientos y posturas (Myp)

Otro aspecto de lo que somos (como mimos) lo constituyen las posturas de nuestro ser físico que se corresponden con las actitudes interiores y los movimientos que, con sus diferentes calidades, son también "indicadores" de emociones, sensaciones, intenciones, etcétera.

Llamamos "movimientos y posturas" a todas las figuraciones posibles sin desplazamiento de la base, ya sea cuando improvisamos como cuando reiteramos rutinas previamente elaboradas.

Se trata de un movimiento "autoconducido", es decir, decidido en todo su recorrido y no sólo en el arranque, lo mismo que las "esculturas" resultantes cada vez que lo congelamos porque decidimos remarcar esa figura o postura.[5] Somos nuestras posturas, somos lo que hacemos, somos ese movimiento y esa quietud.

Espacio circundante (EspC)

Explorando el alcance de todos los movimientos posibles sin desplazarnos de la base, ocupamos un espacio inmediatamente circundante a nosotros y que podemos imaginar como una burbuja.

No es sólo el espacio que necesitamos para desplegar nuestros movimientos; es, además, un ámbito de privacidad, imprescindible para "ser movimientos", para "ser posturas", para "ser súplica", para "ser amenaza", por ejemplo, Y dado que somos todo eso, somos también ese espacio circundante.

Nuestra "intimidad", nuestra "última soledad", el ámbito de nuestras decisiones, el ámbito de nuestra gobernabilidad no comienza de la piel (física) para adentro, sino de la "piel" de esta burbuja hacia adentro.

Puesto que somos lo que evocamos, corporizamos y manifestamos, nuestro "ser mimos" incluye, como una "parte" nuestra, el espacio circundante.

Esa piel que nos contiene no es una campana de vidrio, sino una membrana transparente y elástica, capaz de amoldarse, estrecharse y agrandarse en la interrelación con otros, y existe porque nosotros lo queremos y en la medida en que la defendemos. Al igual que los pensamientos y los sentimientos, no es algo que tenemos sino algo que somos.

Somos este espacio en el que nos convertimos en gesto, en actitud, en acción, en código.

Interrelación (int)

Definirnos como "ser físico-energía-movimientos y posturas-espacio circundante" es sólo una primera aproximación en la búsqueda de nuestra identidad y dista de ella tanto como puede distanciarse una persona desmayada del médico que la está asistiendo.

El mimo es un actor y como tal es interrelación permanente. Al menos consigo mismo, con el espacio y los objetos, con los demás personajes y con el público (para considerarlo sólo en el momento de una actuación representativa tradicional).

El mimo es interrelación, tanto desde que comienza a prepararse para esta profesión, como cuando crea una obra y cuando la ejecuta. Lo es cuando improvisa y aun cuando recita por enésima vez el "mismo" mimo-drama.

Todo cambia cuando cambia el público, el escenario, o el objetivo de la actuación. Y dado que en esta interrelación hay tanto asimilación[6] como acomodación[7] por parte del mimo, decimos que el mimo es su interrelación.

Pragmatismo creativo (Pcr)

Usamos aquí un "neologismo" para sintetizar un proceso que adviene en el mimo luego de varios años de ejercicio de su profesión.

Para comprender este aspecto del ser mimo, es preciso tener en cuenta al menos dos cosas.

Una es que el proceso de decodificación y recodificación que debe hacer un autor para inventar una obra mimo —cuando parte de una idea conceptual—[8] debe transformar a ésta en metáforas que simbolicen la realidad a representar, y luego traducir estas metáforas en acciones, actitudes y gestos.

La otra es que hasta hoy fueron los propios mimos (actores) los que tuvieron que pensar sus propias obras.

Mientras la creatividad se relaciona con la producción divergente, con la originalidad, la fluidez y la flexibilidad (que a veces implica un desmoronamiento transitorio de la estructura yoica), el pragmatismo se relaciona con lo posible y lógico, con lo realizable.

A fuerza de oscilar entre delirios inalcanzables y obviedades o "clichés", similares a rutinas de aplicación de técnicas, los mimos que avanzaron en propuestas verdaderamente renovadoras de nuestro arte ejercieron una habilidad que es a la vez capacidad de desarrollo y de síntesis, de novedad y ajuste técnico, de temas y códigos.

En suma, una habilidad de producir novedades posibles que sintetizamos con la expresión "pragmatismo-creativo".

El mimo, en cuanto mimo-dramaturgo, "es" su creación o su re-recreación de la realidad; es lo que "inventa" y es –porque deviene– esta capacidad de imaginar y plasmar que con el tiempo lo hace capaz de inventar obras posibles.

Se trata de una habilidad superadora, tanto de la mediocridad cómoda del que para sentirse "seguro" no se atreve a imaginar, como del delirio irracional de quien, por sentirse libre en su derecho de expresarse, no "comunica" finalmente nada a otros y no "los" representa.

Todos estos elementos nos aproximan a la imagen que un mimo tiene de sí mismo.[9] Se trata de una imagen inclusiva que equivale a sentirse implicado como un todo físico-energético-cinético-postural-espacial, en interrelación creativa con el mundo.[10]

Pero, dado que nos estamos refiriendo a la identidad de un mimo en cuanto actor, es decir, a cómo se siente él mismo cuando crea, improvisa o actúa, esta definición resulta tan irreal como la fotografía de una carrera o como una flor cortada de una planta, a menos que logremos perderla y reencontrarla en ese verdadero contexto. El mimo no "es" mimo, sino "hace" mimo.

Hacer mimo
ASPECTOS DIFERENCIABLES DE LA MÍMICA COMO OBRA TEATRAL

Argumento

Suponemos que en una obra se quiere expresar y transmitir algo o se quiere lograr algún objetivo mediante un argumento.

En general, en un mimodrama pueden diferenciarse un principio motivante de la acción a desarrollar, un nudo en el que se plantea un conflicto (lucha de intereses opuestos, superación de algún obstáculo, etc.) y un desenlace final.

A este conjunto total (principio-nudo-desenlace), al que llamamos mimodrama, es a quien le preguntamos qué quiere significar o, más simplemente, qué sentido tiene, qué expresa, qué sugiere, qué sugestión provoca, qué emociones, sensaciones o ideas pretende comunicar o para qué fue hecho.

Es decir, que suponemos que todo mimodrama implica de algún modo un argumento, aunque sea en un sentido amplísimo del término y más allá de que los intérpretes lo asuman como intención consciente. La mímica es argumento.

Como diremos más adelante, creemos que hay varias formas de abordar el argumento: desde la explicativa (conceptual) o la meramente descriptiva (textual), a la implicativa (metafórica). Y pensamos que ésta última es la que mejor coincide con el arte del mimo como arte escénico representativo. Creemos que la mimodramaturgia debe aportar imágenes metafóricas de la realidad, susceptibles de ser descifradas por el espectador.

Código

El "código" o "lenguaje" a través del cual el mimo trata de comunicar algo es la acción presente, lo que hace.

Esta acción incluye gestos y actitudes (que son un complemento imprescindible), pero no se reduce a ellas, como en la pantomima.

Llamamos "gestos" (como dar, indicar, saludar, asombrarse, interesarse) a señales elementales y lugares que usamos cotidianamente. Y "actitudes", a posturas que comprometen más globalmente y durante un lapso mayor nuestro esquema corporal (actitud de encierro, enfrentamiento, desafío, defensa, ataque, exploración).

Pasando de una postura o figura actitudinal a otra, podemos representar breves evoluciones emotivas, como una suerte de "esculturas vivientes", a partir de lo que antes llamamos movimientos y posturas.

Pero, en general, los gestos y las actitudes son "partes" de la acción. Es la acción quien, además de explicarse a sí misma (pues el personaje hace "tal" cosa, luego "tal otra"), implica la intención,[11] el motivo interior, las interrelaciones y demás peculiaridades que hacen tanto a la caracterización del personaje como al argumento del mimodrama.

Un objeto convencionalmente usado como plumero, por ejemplo, puede cambiar su significación según lo que el personaje haga con él (lo usa como pincel, pinta un cuadro, etc.). Esta metamorfosis no ocurriría si el personaje no se relacionara activamente con el objeto y sería limitada si sólo expresara gestos o actitudes frente a él.

En general, cada una de las acciones que ejecuta un personaje (y no sólo el conjunto de ellas hiladas en un mimodrama) puede responder a cuatro preguntas: *¿qué hace?* (nudo: pinta un cuadro); *¿por qué?* (motivo inicial: está frustrada en su trabajo de ama de casa); *¿cómo termina?* (desenlace: derriba el florero que usaba como modelo. Debe esconder los pedazos: nueva acción).

Así como en el lenguaje escrito, además de palabras, se usan paréntesis, puntos y comas, también el lenguaje de una representación está constituido –además de acciones, actitudes, gestos, movimientos y figuraciones– por una inmensa gama de recursos técnicos: el cambio de la velocidad del movimiento, las conversiones (por giro, encadenadas, por ocultamiento justificado), el congelamiento, el desenfundamiento. Así, también, cualquier pauta sonora o visual que el actor establezca para actuar "entre paréntesis", para representar recuerdos o anhelos, para multiplicarse en otros personajes.

El mimo es un lenguaje completo.[12]

Espacio

No podemos imaginar y, por lo tanto, no podemos comunicar ninguna situación "a-espacial" si pretendemos que alguien la entienda o perciba como situación humana.

Hay un espacio que el espectador percibe como "espacio escénico". Cuando la puesta en escena es representativa, ese espacio puede ser frontal, circular, circunvalador, etcétera. Y cuando la propuesta es participativa (tendiente a la participación activa de los presentes), se buscará la inclusión escenográfica del espectador, o bien se usará directamente un espacio "hablacional" (tomado tal cual es usado convencionalmente para ciertos fines y elegido como escenografía natural para la teatralización).

Pero hay otro espacio que es el de la representación misma, "constituido" por el mimo. El espectador "ve" a los personajes "adentro", "afuera", "debajo", "arriba", en un lugar hostil o propio, privado o público.

El mimo puede estar en ese espacio (transitarlo), puede perderse en ese espacio (siendo líneas, proyectándose, siendo el objeto que utiliza), puede suplir el espacio (arriba, abajo). Pero, siempre, toda acción y emoción humana es hecha y vivida "espacialmente" y por lo tanto debe ser así representada. La mímica es ese espacio en el espacio.

Tiempo

Hay aquí también un tiempo ineludible, que es el día y la hora en que un actor sale a escena y hace cosas y que tienen vital importancia en cuanto relación epocal (la obra y la época en la que es realizada).

El mimo debe ser leído, contemplado, interpretado, escuchado, oído por el espectador, sin que sea imprescindible escribir, dibujar, explicar, hablar, esparcir aromas o, por lo menos, sin que nada de esto impida que el espectador llegue por sí mismo a todo lo que pueda.

El código del mimo nos sirve para plantear, bien, una adivinanza descifrable. El mimo es su código.

Pero hay otro tiempo, igualmente ineludible, que es la sucesión temporal de las acciones en un mimodrama representativo.

Si bien todas las acciones son hechas en un presente, pueden representar tanto situaciones que supuestamente les están ocurriendo en ese momento a los personajes (presente), como recuerdo de cosas que les ocurrieron antes (pasado), o anhelos (futuro), y asimismo sueños o alucinaciones.

En cualquier caso, es condición indispensable, para la comunicabilidad de una experiencia humana, su "temporalidad", su ubicación temporal. La mímica es ese tiempo.

Personajes

En una actuación, los personajes son los protagonistas de la historia que se representa.

El mimo puede caracterizar e interpretar tanto un ser humano en situación, un animal, una planta, un robot, un objeto inanimado conocido, como personajes imaginados de cualquier tipo, tanto en forma individual como grupal.

No nos referimos, pues, a los personajes en el sentido literal de la palabra (personas), sino en el sentido del protagonista de la acción dramática. El mimo "es" sus personajes.

Público

Consideramos "público" a todas aquellas personas predispuestas a aceptar las reglas del juego que implica un hecho teatral, asumiendo la ficción "como si" fuera un hecho cierto, actualizado en ese momento. "Espectar" es considerado aquí una actitud consciente y responsable, una "complicidad" entre los que actúan y los que asisten a la representación. Y suponemos que si un mimo es seguido por un público es porque de algún modo lo representa. En este sentido, el mimo (la mímica) es una relación con un público. Pero, además, el actor es un "espectador" deslumbrado que no se reconoce a sí mismo como "causa" suficiente de ese "efecto" llamado "inspiración". Ante la idea genial, todos somos "público" (y también "actores").

Hacia una definición del mimo como arte escénico representativo

Integrando ahora las varias partes interactuantes que acabamos de diferenciar en el mimo como arte escénico representativo, tanto las que se refieren a la identidad del que actúa como a las que constituyen un mimodrama escrito, dirigido o interpretado, y, devolviendo a la palabra "mimo" un sentido abarcativo de todos estos aspectos, podríamos decir que *el mimo es un arte escénico cuyos intérpretes logran teatralizar situaciones reales o ficticias entendibles o descifrables ante un público, mediante la corporización de sus sensaciones, emociones y pensamientos, a través de acciones, actitudes, gestos, movimientos y posturas, y la utilización de una gramática propia.*

El estudio o entrenamiento en esta disciplina artística supone el estudio del arte dramático, pero agrega a éste un especial hincapié en el autoconocimiento del actor como un todo físico energético-cinético-postural-espacial, en su capacidad de interpretar y comunicar desde los códigos no orales y el aprendizaje de una gramática o código específico, cuya utilización sería extraña en otro género teatral.

Asimismo, su estudio supone técnicas de autoconocimiento y autodominio similares al yoga, al Tai Chi Chuan y otras, pero, a diferencia de aquellas, cada actitud postural del mimo es una corporización de una emoción interna con la intención de comunicarla en una historia o drama.

NOTAS
1. Los alumnos de la Escuela de Mimos del Centro Cultural General San Martín.
2. Adoptaremos una "visión sistémica" en este análisis, entendiendo por "sistema" un conjunto de partes interactuantes e interdependientes. El análisis

consistirá en diferenciar para mejor integrar cada aspecto o "parte". En la práctica, estos aspectos no existen sueltos y, por lo tanto, luego de ser considerados en sí mismos, deberán ser comprendidos en su interrelación e interdependencia, pues si los consideramos sólo en forma independiente, o fuera de contexto, el "todo" resultará mayor que la suma de estas partes.
3. Me ocurren porque quiero que me ocurran, quiero jugar a que me ocurran.
4. Ser (mimo) es "ser manifiesto": somos lo que manifestamos y lo que sentimos, lo que pensamos, lo que decidimos ante nosotros, entre nosotros y hacia los demás.
5. Podría ser comparable al movimiento del pincel por parte del pintor, pero en nuestro caso "somos el pincel".
6. *Asimilación*: pensar que la realidad es como yo necesito que sea. Deformar la realidad de acuerdo con mi necesidad. (Por ejemplo: darle uso imaginario a un objeto, usar un zapato como teléfono).
7. *Acomodación*: conformarme a lo que la realidad me exige. Transformarme de acuerdo con lo que el medio me exija. (Por ejemplo: mimetizar un animal, parecerme a él, ser su respiración, su velocidad...).
8. El concepto "explicita" lo que una cosa es, declarando que ésta es solamente aquellas notas que el conceptualizador considera esenciales ("La paz es la no beligerancia y el respeto recíproco entre dos o más pueblos que deciden acatar leyes comunes"). La imagen "implica lo que una cosa es, dejando cabida a todas sus posibles riquezas significativas: ciervos y leones pastorean juntos en el jardín de la paz". Hay otro sentido de la palabra "imagen", como una "fotografía" captada por los sentidos y de la cual se extraería luego el concepto. Pero aquí nos estamos refiriendo a la imagen "metafórica", como recurso para mediar entre la realidad –en sí, indescifrable o inenarrable– y el espectador que se acerca al arte para intuirla.
9. No estamos haciendo un análisis de la persona sino del mimo en cuanto actor. Consideraremos el espacio y el tiempo dentro de las interrelaciones en la configuración teatral de un personaje o de una situación humana. El único "espacio" al que nos referimos hasta ahora es el inmediato circundante como parte de la imagen de sí.
10. Volveremos sobre este punto al considerar la importancia del mimo para la configuración de la imagen corporal en el desarrollo de la personalidad y en la educación.
11. Conocemos quién es alguien por lo que hace, recordamos quién fue alguien por lo que hizo.
12. No necesita dibujar en el aire una silla para que el espectador la vea, así como cuando leemos la palabra "silla", en nuestra mente se "dibuja" una silla y cuando leemos que "una línea recta es la distancia más corta entre dos puntos", no necesitamos comprobarlo, pues nos lo dibujamos interiormente, así también cuando "usamos" una "silla" (evocada) o cuando "tomamos" un "bastón" (imaginario) de sus dos extremos y luego lo usamos como tal, provocamos en el espectador esas imágenes, hacemos visible lo invisible, sin necesidad de recorrer toda su superficie, ni pronunciar la palabra silla o bastón. Lo mismo cabe decir de las emociones, las intenciones, las sensaciones y todos los demás objetos invisibles. No hemos elaborado una gramática ni un código para suplir la imaginación del espectador sino para incluirla.

Capítulo 3

El entrenamiento del mimo como arte escénico (I)

Diferenciación e integración de los aspectos que configuran la identidad del mimo

Siguiendo el esquema que estamos utilizando, el entrenamiento consistirá en "diferenciar/integrar"[1] cada uno de los aspectos mencionados, comenzando desde aquellos que a cada persona le resulten más sencillos.

Señalaremos muy brevemente –y a modo de ejemplo–, algunos ejercicios de entrenamiento de algunos aspectos y de su integración.

Creemos que cada grupo puede inventar sus propios ejercicios, pensando en el objetivo y destreza que quiere alcanzar y aprovechando sus propios recursos humanos y materiales.

Ser físico (Fis)

En el entrenamiento del aspecto que hemos llamado "físico", podemos, a la vez, diferenciar dos niveles: el entrenamiento físico general y el entrenamiento específico relativo a las técnicas de mimo.

Ambos deben ser complementados por todas las disciplinas concurrentes.

Aunque alguien decida comenzar el entrenamiento del mimo desde este solo aspecto, igualmente debería integrarlo con todos los demás.

También aconsejamos movilizar el ser físico por medio de juegos y motivaciones, antes o inmediatamente después del entrenamiento consciente.

Entrenamiento físico (general)

Precalentamiento (despertar y poner en movimiento gradualmente el ser físico).
- Desde la quietud, moverse según un ritmo creciente tratando de implicar todo el ser físico. Luego (siguiendo un ritmo) decrecer hasta la quietud. Abrirse lentamente y cerrarse de golpe y viceversa.

- "Jugar" al basquet e ir cambiando pautas: la pelota es cada vez más grande..., la cancha es resbalosa..., etcétera. Imaginarse obstáculos blandos y pesados. Correrlos con cada parte: con piernas, con brazos, con caderas. Pasar por túneles imaginarios. Meterse en el mar lentamente y agitarlo con cada parte. Provocar olas con todo el ser físico.
- Uno se mueve, los demás deben representar con una parte de sí el movimiento total del otro. Luego, los demás deben corporizar con todo su ser físico el movimiento de una parte del otro: ser sus manos, ser sus pies.

Ser esqueletal: pensarse a sí mismo como esqueleto para lograr distensión, elongación, relajación muscular.
- Desde una posición erguida cae la cabeza hacia adelante, hasta que los brazos toquen el suelo flexionando al final las rodillas. Volver como si fuésemos tirados desde la cadera y desde cada vértebra.
- Estamos acostados, alguien comprueba que cada parte de nosotros es un segmento inanimado. Luego juega con nosotros como si fuésemos muñecos. Nos mueve en todas las direcciones, ensaya posturas, nos arrastra desde cualquier parte, nos revuelca.
- Lo mismo estando de pie en el medio de un círculo de personas, quienes nos envían hacia todos los lados, empujándonos o arrastrándonos desde una parte precisa. Esa parte nos divide en dos mitades, que quedan atrás.
- Mi columna es un junco, una hoja de acero que se pliega y no se rompe; pasar de puente a rol moviendo caderas y cabeza conjuntamente; realizar una onda que, comenzando desde abajo, termina con latigueo de cabeza; intentar latigueos y ondas laterales y otros movimientos que me dan conciencia de mi columna.
- Soy un esqueleto sostenido por hilos. Me tiran de cada articulación. Me sueltan y me tiran de dos o más articulaciones.

Ser muscular: lograr constituirse en una "fuerza elástica" capaz de adquirir el tono necesario en el momento necesario.
- Soy de plomo en un espacio de barro; soy de goma en un espacio de barro; soy de gomaespuma en un lago de barro... (soy gomaespuma en el agua; soy de humo en el aire quieto..., etc.).
- A partir de la consideración del espacio como un "lleno penetrable" y no un vacío, explorar el tono resultante de tres variables: la dureza del espacio, la tensión o dureza de quien se mueve sumergido en él, y la intensidad o velocidad del movimiento que quiere realizar.

- Por medio de juegos y motivaciones, procurar resistencia y elongación para cada músculo (apoyando sólo los glúteos en el suelo, desenredarse telarañas de los brazos y piernas; nadar apoyando sólo pelvis en el suelo, rutinas de bajo impacto, etc.).
- Eutonía, yoga, Tai Chi Chuan, danza expresiva, etcétera. Disciplinas ineludibles, pues concurren al gran objetivo del entrenamiento físico y técnico del mimo, sobre cuya base se edifica nuestro lenguaje actoral.

Entrenamiento técnico (específico)

Localización: lograr movilizar una parte y desde ella la globalidad del ser físico; movilizar dos o más partes en forma asociada y disociada.

- Destruir una pared con brazos, codos, hombros, pecho, caderas. Soy un esqueleto: me arrastran con hilos desde cada articulación; me empujan o me arrastran desde cada parte; me autoimpulso desde la columna. Me autoimpulso desde una parte de mí (centros motores). Una parte de mí escapa y me arrastra.

Estoy en el mar: las corrientes empujan mi cabeza, cintura escapular, mis caderas.

Publicitar la cabeza, las manos, los hombros.

Movimientos asociados y disociados: poder mover dos o más partes en un mismo acto en forma concurrente o trazando trayectorias opuestas que provocan un efecto de "punto fijo".

- Mover asociadamente brazo y pierna derecha como dejando pasar (ídem izquierda); recogerse sobre una pierna (miedo) y abrirse (enfrentamiento).
- Me tiran de las caderas hacia la derecha y del cuerpo hacia la izquierda (ídem adelante, atrás...); ambas manos hacia un lado y caderas hacia otro, pasar de un extremo a otro; llevar manos hacia arriba y el resto hacia abajo y viceversa; manos hacia un lado y torso hacia el otro (ídem adelante–atrás).
- Lograr, merced a movimientos disociados, la sugestión de hundirse-emerger, asomarse-esconderse.
- Piernas nerviosas, manos calmas; piernas valientes, rostros miedosos; cabeza curiosa, piernas miedosas, etcétera.

FOTO Nº 3 (izquierda)
LOCALIZACION: cuello
(ser estirado por una
cuerda invisible)

FOTO Nº 4 (abajo)
LOCALIZACION: mano
(querer aferrar una bola
que pasa a gran velocidad)

| **CAPÍTULO 3** | El entrenamiento del mimo como arte escénico (I) |

FOTO Nº 4 (bis) LOCALIZACION DE LA COLUMNA (ondas y puentes)

Equilibrios: concientizar apoyos, peso y posibilidades de contrapeso para lograr figuras escultóricas expresivas con mínimo apoyo o base.
- Explorar posiciones con dos apoyos (dos pies, un pie y una mano, etc.). Explorar posiciones con un apoyo (un pie, una rodilla, sólo glúteos, etc.).
- Buscar la máxima inclinación (sin caerse) desde una base. Quedarse en un pie mientras dibujamos con el otro; hacer balanzas, explorar ejes, etcétera.
- Buscar contrapeso y figuras en equilibrio entre dos o más personas.

Movimiento autoconducido: poder decidir el movimiento en todo su recorrido, poder congelarlo en cualquier momento a voluntad.
- Estar dentro de un tonel de arcilla y realizar todo tipo de movimientos y acciones (surcando el espacio), concientizando el roce de mi ser físico con el espacio y la manera correcta de plegarse las articulaciones.
- Sabiendo que soy humo, moverme sin desintegrarme. Comprobar paulatinamente que no me desintegro.
- Descomponer un movimiento o acción en fotos o estatuas de su recorrido (*stop*). Pasar de una a otra (*toc*). Fundir los puntos logrando un movimiento continuo (*fundido*) y lento (*cámara lenta*). En este dinamismo ensayar la acción hacia atrás (*replay*) y hacia adelante (*avance y retroceso*).

Desestructuración: flexibilizar la imagen y sensación de sí mismo, poder pensarse a sí mismo como grande, pequeño, hueco, esférico, así como duro, blando, rígido, flexible.
- Me desplazo de maneras no convencionales y siempre diferentes (no repetirse). Observo el lugar desde posiciones insólitas, estáticas y móviles. Libero gritos y movimientos, saltos y caídas a partir de diferentes motivaciones, tratando de corporizar la energía sonora sin caer en formas o movimientos culturalmente habituales.
- Animalizar la respiración, ser un animal blando que se desparrama y se recoge, que se estira y se enrolla; que se infla, que se endurece.
- Soy un mecanismo extraterrestre, con movilidad independiente en cada parte, o coordinada, puedo bloquearme y desbloquearme; hacerme planta, humo, animal, volverme mecano, pequeño, grande. Puedo ser cualquier materia visible o invisible: aire, fuego, agua, tierra..., puedo explotar o implotar, disgregarme, re-unirme.

Reestructuración: percibirse y autogobernarse como una globalidad flexible y entera (se relaciona con el sí mismo como energía global; con el fluir de circuitos, energía que circule por todo el cuerpo como "meridianos") .
- Realizar los ejercicios anteriores, pero como autogobernándose en lugar de seguir una consigna exterior.

Ser postural: ampliar la capacidad de construir posturas expresivas.

CAPÍTULO 3
El entrenamiento del mimo como arte escénico (I)

FOTO Nº 5
(arriba)
MOVIMIENTO DISOCIADO: cadera hacia atrás manos hacia adelante (aferrado a una cuerda imaginaria)

FOTO Nº 6
(derecha abajo)
MOVIMIENTO DISOCIADO: cadera hacia adelante, manos hacia atrás. (La cuerda imaginaria de la que tira, está trabada).

FOTO Nº 7 (arriba): EQUILIBRIOS (explorando puntos de apoyo y equilibrios en una clase).
FOTO Nº 8 (abajo) COLUMNA EN PUENTE.

Capítulo 3 El entrenamiento del mimo como arte escénico (I)

FOTO Nº 9: EQUILIBRIO SOBRE MEDIA PUNTA (arrojando una jabalina).

Resumen sobre el entrenamiento físico y técnico

Desde diversas motivaciones (que el alumno debe hacer suyas, pensándolas por dentro), despertar, movilizar, concientizar, activar cada parte de nuestro ser físico, para que puedan "ser parte" de un "discurso". Para que puedan reunirse, estar presentes, hacerse "oír" (hacerse "ver") en el momento en que deberán encarnar (volver visible) una emoción, una sensación, un pensamiento y ser su manifestación.

Integración del entrenamiento del ser físico con el de los otros aspectos del ser y hacer mimo

Fis-EG: Libero gritos y movimientos (gritos-saltos, gritos-caídas), trato de corporizar en forma bruta la energía sonora, evitando reproducir actitudes o acciones culturalmente sólitas. Experimentar la diferencia de tensión muscular entre el odio y la risa borracha.

Fis-MyP: Partiendo de un movimiento libre autoconducido, me congelo como una estatua en posiciones de equilibrio.

Fis-EspC: Exploro el espacio abarcable por mí sin desplazarme de la base, lo considero una burbuja privada.

Fis-Int: Me relaciono conmigo mismo reconociendo en mí partes duras y blandas, expuestas y escondidas, delicadas, las acaricio y las re-uno conmigo; las quiero, las recupero (me recupero) hasta sentirme un todo; un conjunto único de partes interdependientes e interactuantes. Asimismo, reconozco el espacio y sus objetos a partir de un contacto físico (no esquemático-cultural). Lo mismo con los otros.

Fis-cod: Desde una parte de mí (hombro, codo, cabeza...), construir un gesto, convertirlo en actitud, luego en acción. En acciones reiteradas que caractericen una profesión, o un carácter, o una actividad cualquiera. Hacerlo hasta que los demás adivinen qué estoy haciendo.

Fis-Esp: Sentirse hormiga en una casa, desesperada por salir. Sentir-

> **CAPÍTULO 3** El entrenamiento del mimo como arte escénico (I)

se gigante en un bosque de diminutas palmeras y pequeños elefantes. Sentirse un león enjaulado y un león atrapando una presa en una llanura desierta (registrar diferencias de tensión, apertura o encerramiento de las figuras, etc.).

Fis-Pers: Desde una actitud extraída de una localización y estableciendo una determinada relación espacial, definir un personaje.

Fis-tiem: Definir si el personaje es así (presente); quiere llegar a ser así (futuro); fue así (pasado).

Fis-Pub: ¿Cómo creo yo que se ve mi personaje? ¿Qué dicen los otros?

Fis-Pcr: Encontrar en las demás variables (relación consigo mismo, con el espacio y tiempo, energía, etc.) recursos para mejorar el personaje y representar alguna sensación o idea que me interese expresar. Convertir el personaje y sus acciones en una imagen metafórica de la realidad.

Ser energía (Eg)

En un sentido general, la expresión "energía" se confunde con la vida misma del universo, y del hombre como parte de él.

Desde antiguo, en las tradiciones orientales el hombre es considerado "energía", manifestada como materia sólida viva y, a la vez, "morada" de la *energía universal,* la cual es captada por distintos puntos y circula más o menos equilibradamente por él, a través de meridianos y según sus dos manifestaciones opuestas y complementarias, que los chinos denominan Yin (expansión) y Yan (concentración).

Toda la medicina DO-IN por ejemplo, se concentra en el estudio de aquellos meridianos y de los puntos determinados desde los cuales puede estimularse (dígito-puntura) el armonioso fluir de la corriente energética.

También en los albores de la filosofía occidental encontramos un esfuerzo por explicar el origen del universo y su equilibrio dialéctico. Esfuerzo que bien puede interpretarse como un intento del hombre por comprenderse a sí mismo y averiguar las leyes de su propia salud individual y social.

Tanto en la tradición judeo-cristiana como en la helénica podemos reconocer la experiencia de la energía debajo de las más diversas denominaciones.

Pero no es nuestra intención profundizar aquí este sentido metafísico de la expresión "energía", ni detenernos en los saludables efectos de su equilibrado fluir.

Con esta expresión nos referiremos simplemente al motivo y a la fuerza del obrar del mimo, en cuanto actor.

Al concientizar nuestra inserción en un cosmos natural y cultural, al cual nos adaptamos transformándolo y transformándonos, desde nuestro trabajo artístico advertimos que gran parte de lo que "nos ocurre" es algo que, sin saberlo, hemos querido que nos ocurra. A través del entrenamiento procuramos que aquello que decimos, expresamos o hacemos, se parezca lo más posible a lo que queremos decir, expresar, hacer o transmitir.

Y es a ese invisible "querer-sentir-decir" –que se corresponde con un movimiento visible– a lo que llamamos aquí "energía".

Para "des-cubrir" (sacar lo que lo cubre) a nuestro ser energía no es imprescindible inmovilizarnos; se trata de reconocer nuestra energía como "nuestra" (intención). La intención no está "antes" del movimiento físico ni existe sin él; ya que la inmovilidad es una forma de actuar, una actitud decidida, un mensaje.

Ser energía es el punto de llegada del entrenamiento, el cual comenzará por evocar (voluntariamente) sensaciones, emociones e ideas de las cuales seremos autores (responsables).

Somos energía, liberada durante el entrenamiento y también luego, al constatar los cambios que produce en nosotros dicha liberación.[2]

Proponemos considerar primero la intensidad a modo de precalentamiento. Luego algunos ejercicios que nos permitan un primer contacto con sensaciones, con emociones y con la ideación.

La energía es "mensaje" en la medida en que modifica la calidad de los movimientos, de las acciones, de las posturas y demás caracteres del personaje. Pero si quisiéramos definir cuál es el punto de llegada del entrenamiento del ser energía, diríamos que el ser energía es la vivencia de sí mismo como energía global.

Intensidad

- Reiterar una acción con más energía..., con más energía... (registrar los cambios en la velocidad del movimiento).

- Caminar y relacionarse con los otros distendidos; más distendidos, más (4 grados de distensión). Luego tensionados, más tensionados (siete grados de tensión). Registrar los cambios en la tonicidad muscular.

Sensaciones
- Perdidos en un desierto, evocar y corporizar: frío, calor, sed, hambre, lluvia, agua, viento... (Registrar diferencias en la calidad de los movimientos; apertura o encerramiento de la figura, etcétera.)
- Varias tribus de ciegos, para sobrevivir, deben oler, gustar, provocar y reconocer sonidos. Se imaginan paisajes y formas. Para todo ello deben evocar y corporizar aromas, gustos, sonidos, impresiones táctiles, imágenes, tanto agradables como desagradables. Registrar cada cambio producido en el ser físico como indicador más o menos preciso del tipo de energía lograda.

Emociones
- Pasar de la tristeza más amarga al asombro. Luego a la alegría más grande y a la calma. Continuar el ciclo con una motivación interior (memoria emotiva).
  Hacerlo individualmente y por grupos. Todos en un mismo orden y en órdenes diferentes (cuando unos ríen, otros lloran; otros se asombran).
- Sentir, liberar y corporizar odio (hacia mí mismo, hacia los otros, hacia las cosas). Sentir y liberar-corporizar celos, envidia, piedad, amor, seguridad, temor, opresión, liberación y otros sentimientos. Hacerlo individualmente y por grupos, asociada y disociadamente (en todos los casos elegir una misma acción o recorrido y repetirla con grados crecientes de una misma emoción).
- Cubriéndose el rostro (máscara neutra), corporizar diferentes sensaciones y emociones. Los que observan "adivinan" diciéndole a quien actúa qué es lo que está expresando.

Ideación
- Mientras unos realizan un ejercicio siguiendo una pauta, los otros tratan de interpretar y (sin explicar) tratan de mejorar, desarrollar o modificar la historia del anterior y así sucesivamente (varios recambios y contrapropuestas).
- Unos comienzan una acción o figura y los otros deben complementarla sin interpretarla, luego hacer la opuesta, etcétera. En todos los

casos, ir pasando de la descripción (hecho particular, culturalmente conocido, sólito) a la alegoría o metáfora (de un hecho o tema universal) que puede estar implícito en el trabajo anterior. La imagen metafórica no tiene por qué destruir la descripción o representación de hechos particulares, pero eleva el significado simbólico de éstos. Es aconsejable no partir de una idea conceptual –y pretender mimarla-, sino en todo caso descubrirla como significados posibles, es decir, como interpretación de lo hecho espontáneamente.

Conciencia y proyección

Emocionarnos, sentir y liberar ideas que ya estaban en nuestro inconsciente, dándonos el permiso de "proyectarlas", es decir, otorgándole un sentido a aquello que supuestamente estoy "interpretando", por medio de consignas como las que acabamos de mencionar. Éste es uno de los caminos de la creación o re-creación de argumentos dentro del arte del mimo.

Junto con los trabajos sobre "energía visceral" (biodinámica, etc.), nuestros ejercicios de "proyección significante" transitan por el camino llamado "negativo" o de liberación, consistente en quitar los obstáculos para que la energía fluya y luego reconocer las formas implícitas en lo que se ha hecho.

Practicamos, asimismo, otro camino: el de abocarse conscientemente al análisis, recomposición y recreación de movimientos. Pensar en movimientos habituales (del hombre de salón), estilizarlos, construir otros más abstractos a partir de movimientos de base.

Técnica e improvisación

No pocas veces los estudiantes de mimo creen estar frente a una encrucijada: la improvisación espontánea o la técnica almidonada.

Quisiera aprovechar para desterrar este falso dualismo. Los ejercicios de "proyección significante" son una técnica, una técnica de creación. Para la interpretación actoral de esas ideas concebidas se presupone otra técnica, como, por ejemplo, la gramática del lenguaje corporal. Exactamente igual que un guitarrista, que para "improvisar" necesita saber tocar y cuanto más y mejor sepa tocar la guitarra más podrá improvisar con ella.

Creo que nadie ambiciona ser un mal ejecutante de una brillante idea, ni un excelente intérprete de una estúpida ocurrencia.

El juego creativo y el trabajo intelectual son dos columnas que deben sostener simultáneamente el entrenamiento del mimo.

Integración de la energía (Eg) con los demás aspectos

EG-Fis: Desde una posición de relajación, respirar la energía universal e ir concientizando cada parte, desde las fosas nasales; fosas nasales-paladar; fosas nasales-paladar-rostro... (cabeza, cuello, brazos, etc.), hasta sentir que somos la energía universal. La energía universal que se despereza..., que se levanta (me sumerjo en el mar y provoco maremotos; danzo y provoco ciclones).

EG-MyP: Soy una energía que asume posturas escultóricas elocuentes. Paso de una a otra en cámara lenta, me disuelvo y me transformo en otro ser: un objeto, una cosa blanda, dura, estática, móvil.

EG-EspC: Hago todo ello sin desplazamiento de la base. Protejo mi burbuja privada; ensancho y comparto mi (nuestra) burbuja; la pierdo, la recupero.

EG-INT: Mi burbuja se achica, me oprime. Grito y se agranda. Cuando dejo de liberar energía sonora vuelve a achicarse. Pongo tanta energía y decisión en ensancharla que logro fijarla en la dimensión que estimo podré conservar.
Ambiciono ensanchar mi burbuja invadiendo el espacio de los otros, pero a la vez soy invadido. Llego hasta establecer un equilibrio de mutuo respeto.
Nuestras burbujas privadas están dentro de una burbuja mayor. La recorremos. Aprendemos a compartir el espacio pasando por los interespacios.

EG-Cod: Ejecuto una misma acción dos o más veces, expresando cada vez un estado de ánimo distinto, una intención o propósito distinto que los demás deben adivinar.

EG-Esp: Asociar una sensación, emoción o idea con una relación espacial, y corporizar: adentro (encerrado, protegido); afuera (desolado, liberado); arriba (superior, miedoso); abajo (inferior, sostenedor); a un costado (desplazado, cobarde).

EG-Tiem: A través de tres calidades de movimientos precisas, corporizar una emoción pasada, un estado de ánimo presente y una emoción anhelada o futura.

EG-Pers: Constituir dos personajes opuestos a partir de dos energías opuestas.

EG-Pb: Vendarle los ojos a un grupo y hacerle experimentar sensaciones agradables y desagradables (mediante estímulos sonoros, aromas, palabras, etc.) con distintos grados de energía. Verificar la diferencia entre la intención de los activos (actores) y la percepción de los pasivos (espectadores). Verificar si percibieron distintos grados de energía.

EG-ARG: Representar las diferentes etapas de mi vida utilizando para cada una la calidad de movimiento que mejor exprese la emoción con la que viví o recuerdo dicha etapa, período o hecho.
Puedo utilizar la misma acción para todos los cuadros, o bien acciones distintas, pero con algún elemento que las relacione. Definir relaciones espaciales y temporales; definir personajes y sus interrelaciones; cotejar con un "público" verificando códigos, mejorando posturas actitudinales. Definir el argumento.

EG-PCR: Procuramos transformar el argumento en una o más metáforas de la realidad y descubrimos las maneras de representarlas a partir de los elementos que ya tenemos.

| CAPÍTULO 3 | El entrenamiento del mimo como arte escénico (I) |

Gráfico 2:
BASES PARA ENTRENAMIENTO Y ACTUACIÓN

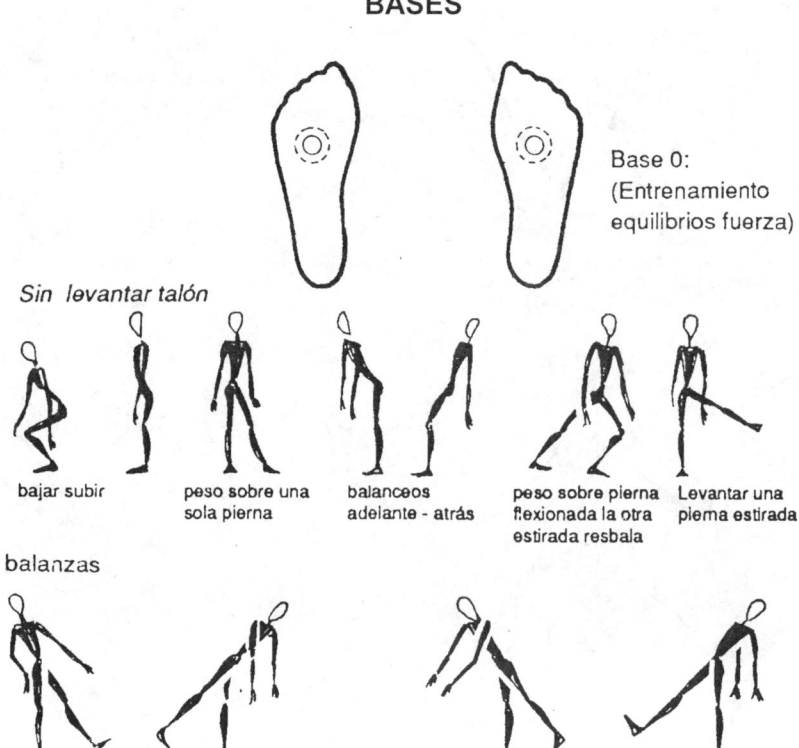

BASES

Base 0:
(Entrenamiento
equilibrios fuerza)

Sin levantar talón

bajar subir peso sobre una balanceos peso sobre pierna Levantar una
 sola pierna adelante - atrás flexionada la otra pierna estirada
 estirada resbala

balanzas

Levantando talón:

bajar (más) subir (media punta) balanzas y torres en media
 punta

BASES I y II para figuraciones y posturas

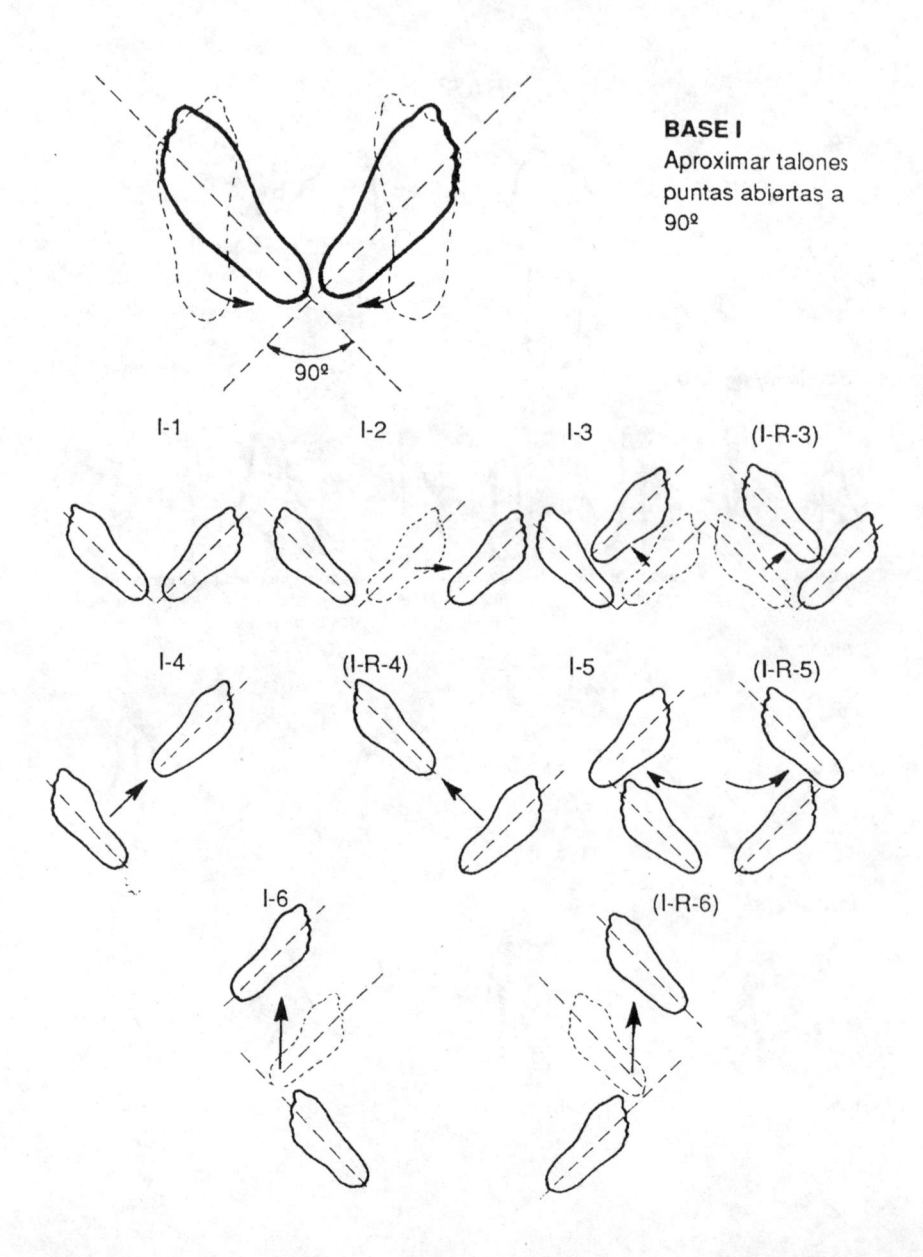

BASE I
Aproximar talones puntas abiertas a 90º

90º

I-1 I-2 I-3 (I-R-3)

I-4 (I-R-4) I-5 (I-R-5)

I-6 (I-R-6)

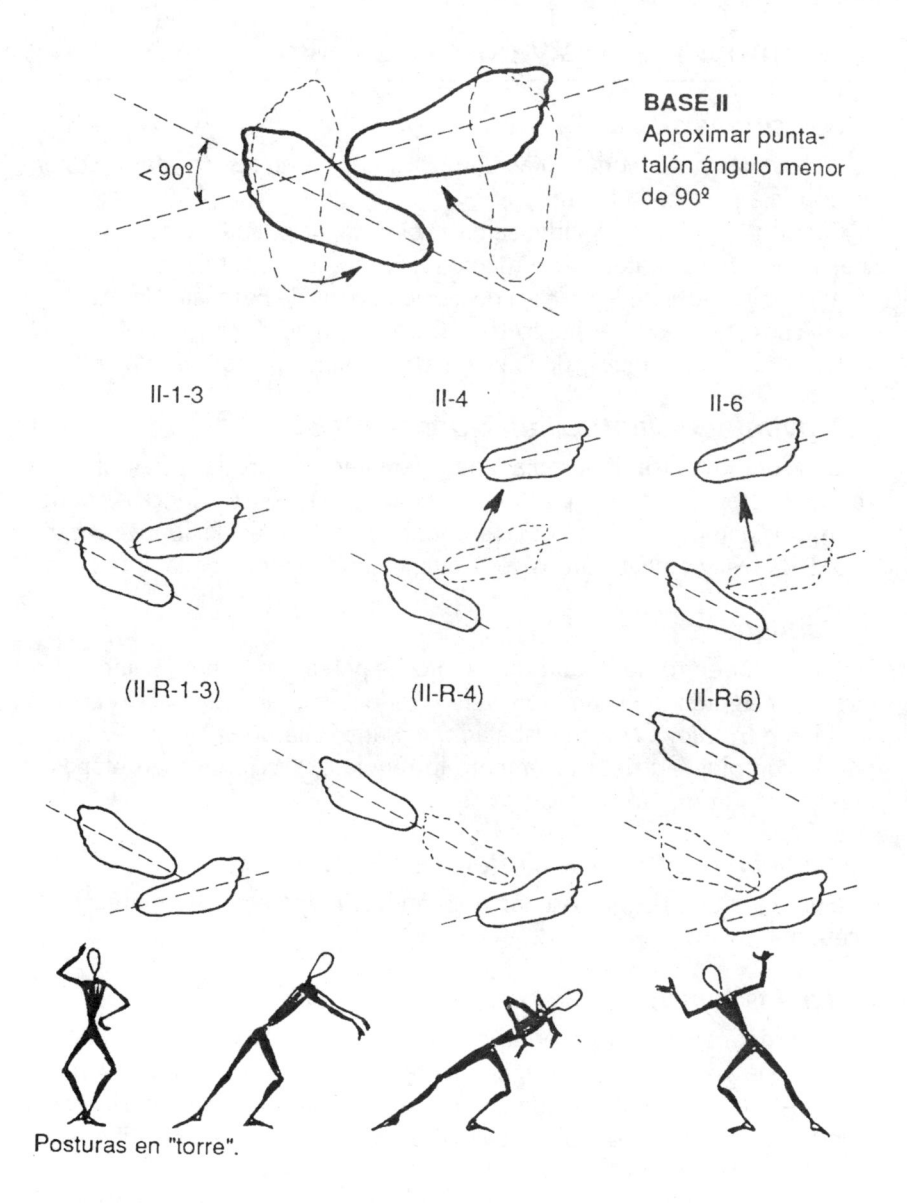

Capítulo 3   El entrenamiento del mimo como arte escénico (I)

BASE II
Aproximar punta-talón ángulo menor de 90º

< 90º

II-1-3   II-4   II-6

(II-R-1-3)   (II-R-4)   (II-R-6)

Posturas en "torre".

Ser movimientos y posturas (myp)

Posiciones de base

Practicarlas hasta convertirlas en posiciones naturales y poder escoger la correcta para cada figura.

Caer en la postura elegida: saltar y caer, saltar girando y caer, subir y bajar lentamente, girar sobre media punta como volviéndose.

Antes y después de la práctica de las posiciones de base, ejercitar la postura "correcta" desde el punto de vista de la salud física: conciencia del punto de apoyo del pie y de la postura general resultante (ver gráfico).

Movimientos autoconducidos (ver Fis)

Considerar la propia burbuja, una esfera llena de arcilla y realizar todo tipo de movimientos a partir de las articulaciones (muñecas, codos, hombros, cuello, rodillas, tobillos, caderas). Cada articulación es el centro de la bisagra cuyos lados se pliegan cuando surcamos la arcilla.[3]

Equilibrios

Siempre dentro de la burbuja de arcilla: patear un penal (avance), retroceder siguiendo el camino inverso (retroceso), reiterar la acción hacia adelante (*re-play*). Nadar, resbalar, saltar una valla, volar, etcétera. Cuando la complejidad del movimiento lo requiere, seccionarlo en etapas y luego recomponerlo.

Disociación (ver movimientos disociados)

Sumergirse-emerger; asomarse-esconderse; aparecer-desaparecer, etcétera.

Líneas (plástica corporal)

Considerarse a sí mismo una estructura inquebrantable que se inclina sobre una pierna plegada y ligeramente avanzada o retrocedida. Verificar la constitución de una oblicua en fuga, que puede ser completada por los brazos. Ídem hacia los lados. Realizar acciones en las que se justifique este tipo de figuración (saludar, pescar, señalar, flamear una bandera).

Continuando la inclinación, formar una balanza (en equilibrio sobre la pierna de apoyo). Combinando ambas posturas (torre y balanza) lograr figuras que las incluyan (arrojar jabalina, etc.).

Explorar otras líneas y planos (vertical, horizontal, circular). Luego lograr figuraciones con cada línea y plano, combinarlas.

Capítulo 3   El entrenamiento del mimo como arte escénico (I)

FOTO Nº 10: FIGURA EN TORRE (hacia atrás)

Alberto Ivern   EL ARTE DEL MIMO

FOTO Nº 11: FIGURACION GRUPAL (el árbol) (improvisación durante una clase).

FOTO Nº 12: (abajo) Buscando FIGURACIONES INDIVIDUALES (en una clase).

Capítulo 3 — El entrenamiento del mimo como arte escénico (I)

FOTO Nº 13: FIGURACION GRUPAL ("El amor ideal" en "Ficciones")

Alberto Ivern   EL ARTE DEL MIMO

FOTO N° 14 (arriba) FIGURACION GRUPAL ("El pájaro herido")

FOTO N° 15 (izquierda abajo) FIGURACION GRUPAL ("La corbata" en "Edipo")

Densidades y volúmenes

Ser duros (roca); blandos (agua); etéreos (fuego, aire); ser esferas grandes y pequeñas, etcétera.

Figuraciones

Formar una escultura (stop), luego otra (stop). Luego pasar de una a otras (fundido) justificando en la trayectoria los cambios hacia la postura siguiente, como si éstas fuesen momentos de una trayectoria única.

Verificar la ocupación de los tres niveles (alto, medio, bajo) y líneas, equilibrios, disociación, movimientos autoconducidos. Hacerlos grupalmente (ocupación conjunta del espacio): completamiento, oposición, diálogo corporal. Formar sucesiones de figuras estáticas y móviles representando evoluciones emotivas individualmente y hacer lo mismo en grupo (situaciones).

Integración de los movimientos y posturas con los demás aspectos

MyP-EG: Conformar una figura escultórica a partir de una emoción y otra desde la emoción opuesta. Pasar de una figura a otra a partir del cambio interior.

MyP-Fis: Conformar figuras que me involucren como un todo y verificar que todo mi ser físico esté comprometido y en la tensión correcta.

MyP-Espc: Lograr ocupar el espacio sin desplazarse de la base (proyección de la figura; actitud o acción).

MyP-INT: Figuración conjunta; interespacios; conjuntos de piezas que conformen una estructura total; figuras orgánicas (acción y reacción de un todo donde el ser físico y energético es el conjunto y no cada parte).

MyP-Cod: Transformar el gesto en una actitud comprometiendo la totalidad del ser físico y energético. Congelar (stop). Otros deben adivinar la actitud. Quien cree adivinar no debe "decirlo", sino colocarse como otra escultura-actitud que complemente la primera. Un tercero debe adivinar y colocarse complementando ambas.

MyP-Esp: Con movimientos y posturas (sin desplazamiento de la base), representar las distintas ubicaciones en el espacio físico (arriba, abajo, adelante, atrás), corporizando una sensación o emoción diferente en cada lugar.

MyP-Tiem.: Partir de una postura que indicará el presente; representar (como un recuerdo) un hecho que me llevó a ella; volver a la exacta posición inicial. Lo mismo, hacia una situación soñada y volver a la actual.

MyP-pers.: Caracterizar diferentes personajes a partir de sus posturas típicas y de la energía.

MyP-arg: Hilvanando movimientos y posturas individuales o grupales, desarrollar posibles historias que puedan estar implícitas. Procurar aprovechar las realizadas ubicándolas en el orden que convenga.

MyP-pcr: Un grupo "adivina" el trabajo de otro. La manera de hacerlo es corregirlo para que "diga" mejor lo que el grupo adivinador cree que significa. Buscar simbolizar algún aspecto de la realidad humana. Revisar todas las variables (aspectos) estudiadas.

MyP-Pb: Luego de mostrar el trabajo a un grupo que no haya participado en su elaboración, considerar todas las opiniones y modificar los aspectos en los que creemos haber fallado.

Ser espacio circundante (EspC)

- Girando sobre sí mismo con los brazos en cruz y sin desplazarse de un punto, determinar una circunferencia cuyo diámetro es precisamente el largo de mis brazos extendidos.
- Convertir esa circunferencia en esfera, como si la reconociera por dentro con la punta de mis dedos.
- Una vez que he logrado reconocerla, puedo moverme adentro de ella, pintarla, adaptar su forma, adoptar posiciones, sentirme seguro, en un lugar totalmente privado donde nadie puede entrar ni siquie-

Capítulo 3 — El entrenamiento del mimo como arte escénico (I)

ra con su mirada. Es el ámbito de mis propias decisiones, nadie puede gobernar mis deseos. Es mi última soledad, sólo mía y única.
- Me preparo para defender este ámbito de privacidad y decisión: la burbuja tiende a achicarse si yo no la ocupo; si no la sostengo con mis brazos y mi decisión. Jugamos a que se achica y yo la agrando con fuerza. Vuelve a achicarse y cada vez me cuesta más mantener su tamaño ideal. Grito para que se agrande. Me dejo estar y se va desinflando.
Medito sobre mis fuerzas y mis ganas: Decido el tamaño que quiero que tenga. Grito y empujo hasta lograr ese tamaño y me acompaña. Me traslado dentro de mi burbuja.
- Ahora la burbuja se hace plástica, flexible; puede ser un óvalo, un tubo delgado, una delgada caja, una esfera, según mis posiciones y necesidades de traslación, posturas o movimientos.
- Entre dos o más comprobamos estas propiedades rozándonos, entrecruzándonos y hasta formando estructuras grupales sin tocarnos.
- Jugamos a chocar nuestras burbujas y rebotar. Uno comprime la burbuja del otro hasta que éste -cuando no "aguanta" más- se ensancha de golpe expulsando al otro o achicándolo.
- Entre varios ocupamos un espacio común reducido, sin perder la burbuja individual, la cual tomará la forma que se requiera para subsistir en esa situación. Uno se ensancha de golpe desalojando a los demás de la isla. O bien todos se expanden a la vez ocupando un espacio mayor.
- Las paredes de esta burbuja flexible pueden ser tan delgadas que podemos ser tocados y tocar a otros. Podemos contactarnos y aun pegarnos, constituyendo figuras únicas estáticas y móviles en las que un espectador no reconocería los límites físicos individuales. Sin embargo, es posible que cada uno permanezca durante ese ejercicio "dentro" de su burbuja y no sea "espiritualmente" todo por los demás.
- Jugamos a que la burbuja puede abrirse desde la decisión. Aparece un nuevo ámbito. El ámbito del "entre" nosotros, base de la figuración grupal donde cada uno se sabe parte de un todo y siente ese todo como parte de sí.
- La ampliación del ámbito de interrelaciones posibles se apoyará en la gradual decisión de cada uno. De otro modo, en lugar de integrarnos al cosmos y experimentar su infinita compañía, nos perderemos en un desierto humano, en la inconsolable desolación de las multitudes.

Gráfico 3:
"Exploración y ocupación del espacio circundante"

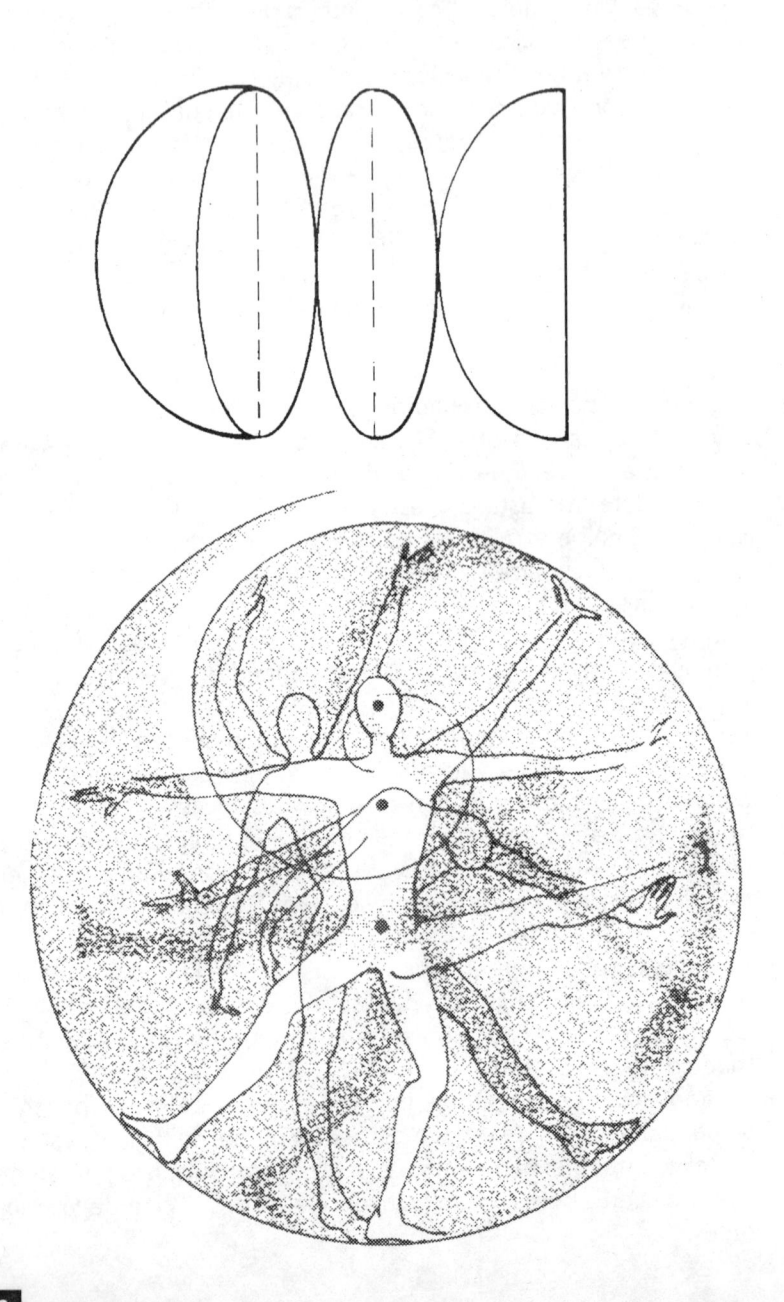

Capítulo 3 — El entrenamiento del mimo como arte escénico (I)

Ser interrelación (Int)

Ya dijimos que el mimo, en cuanto actor que encarna un personaje, está en permanente interrelación al menos consigo mismo, con los otros y con el espacio. Dicha relación, ya sea de conflicto, interacción, complicidad, o de cualquier otro tipo, es primeramente psicológica, energética y relativa a una situación dramática. Por lo tanto, su estudio es inicialmente similar al que debe encarar cualquier actor y sobre esa base se edifica el lenguaje mímico.

Relación consigo mismo

Realizar una misma acción con diferentes motivaciones, tales como: consultándose a sí mismo; indeciso; con deseo y temor; obligado y sin convicción; empujado por un deseo propio; despreciándose a sí mismo; considerándose el mejor; sintiéndose orgulloso; sintiéndose avergonzado; como autopremiándose; como autocastigándose.

Los que observan deben explicar la relación del personaje consigo mismo, detectando cuáles son los indicadores de dicha relación (postura, calidad de movimiento, tensión muscular, amplitud de las figuras, etc.).

Relación con los otros

Un personaje ríe a más no poder, con sonido, gestos, acciones. Otro llora desesperadamente. Ambos deben definir diferentes relaciones con el opuesto, cada una de las cuales hará variar el significado de su propia actitud.

Otros van integrando la escena con distintos objetivos: burlarse del que llora, suplicar al que ríe, consolar, vengar, robar, predicar. El objetivo o intención de cada personaje se devela a medida que se relaciona con los otros por las actitudes que va asumiendo, por lo que va haciendo.

Diálogo corporal

Al empujar la burbuja del otro, éste rebota según:
- la intensidad con que es empujado,
- el lugar (localización) desde donde lo empujan o lo atraen,
- la trayectoria y la dirección.

Hacerlo de dos en dos o más: uno en relación con un grupo y un grupo con relación a otro grupo.

A una cierta distancia: arrojarse y recibir objetos (evocados); atraerse con sogas (evocadas); clavarse y desclavarse espadas y lanzas; empujar entre varios un mueble (evocado) y por intermedio de éste empujar a otros.

Combinando ambos recursos (relación con el opuesto y diálogo corporal)

Establecer relaciones arquetípicas: de dominación, de sumisión, de solidaridad, desconfianza, etcétera. Convertirlas en actitudes escultóricas y acciones remarcadas utilizando, cuando se lo requiere, objetos "evocados".

Relación con el espacio

- El personaje está en el espacio (caminar, caer, saltar, entrar, salir, ocupar); suple el espacio (arriba, abajo); se pierde en el espacio (líneas de fuga, planos); anula el espacio objetivo (representación de la impresión subjetiva del espacio).

El personaje está en el espacio: ensayar las diferentes relaciones posibles (tamaño, ubicación jerárquica, propiedad o pertenencia) con el lugar donde lleva a cabo la acción. ¿Cómo está el personaje en el espacio?:
- el espacio le resulta enorme, pequeño, desconocido, habitual,
- el espacio le pertenece y él es un rey,
- el espacio le es ajeno y hostil y él es un esclavo,
- rey en espacio ajeno, esclavo en espacio propio.

Registrar los indicadores posibles que develan su relación psicológica con el espacio.

Relación con los objetos

El personaje posee al objeto (lo usa, lo tira...); suple el objeto (corta con el brazo; se peina usando los dedos como peine); se pierde en el objeto (mimesis); transforma el sentido convencional del objeto (dándole otros usos).

- Determinar la relación del personaje con un objeto (presente o evocado): es suyo y le da seguridad; le tiene afecto; debe usarlo, pero le da repugnancia; no es suyo, pero se lo ha apropiado; le teme; lo venera; lo necesita; lo ama, etcétera.

CAPÍTULO 3 El entrenamiento del mimo como arte escénico (I)

FOTO N° 16
DIALOGO CORPORAL
(abrir a un grupo en dos)

FOTO N° 17 (abajo) DIALOGO CORPORAL (empujar a alguien con gesto y grito).

Alberto Ivern — EL ARTE DEL MIMO

FOTO Nº 18 (extremo superior) USO NO CONVENCIONAL DE UNA ESCOBA, utilizando una de sus propiedades o partes (billar).
FOTO Nº 19 (abajo) USO NO CONVENCIONAL DE UNA ESCOBA, utilizando toda su superficie y forma (guitarra).
FOTO Nº 20 (abajo) USO NO CONVENCIONAL DE UNA ESCOBA (utilizándola como tal, bruja).

Capítulo 3   El entrenamiento del mimo como arte escénico (I)

FOTO Nº 21 USO NO CONVENCIONAL DE UNA ESCOBA, como parte de una acción aprovechando sus propiedades (descansando sobre un muro).

FOTO Nº 22: DIALOGO CORPORAL (cinchada con soga imaginaria).

- Detectar las propiedades que constituyen un objeto. Cambiándole alguna o varias de esas propiedades, imaginarlo como otra cosa, utilizándolo de acuerdo con este nuevo significado (se debe conservar al menos una de sus propiedades esenciales). La transformación puede ser de todo el objeto o bien de una parte de él, o utilizarlo como parte de otra cosa.
- Reconocer cada propiedad del objeto (peso, volumen, elasticidad, límite de máxima extensión y compresión, forma) hasta poder evocar cada una de ellas y actuar como si lo tuviéramos. Luego utilizarlo según los usos convencionales.
- Intentar usos no convencionales de un objeto evocado (concientizar los límites de esta técnica frente a un "público").
- Tomando materiales que se presten, construir objetos extraños y darles usos conocidos (definirlos por el uso o acción ejecutada con ellos).

Integración del ser interrelación (INT) con los demás aspectos

INT-EG: Una música nos sugiere una determinada relación con un determinado tipo de espacio (evocado). Con la misma melodía alterar dicha relación (ídem consigo mismo; ídem con los objetos).

INT-Fis: Explorar, registrar y definir la tensión muscular relativa a cada interrelación.

INT-MyP: Definir esculturas arquetípicas de interrelación con el espacio (sin desplazamiento de una base): encerrado en un espacio pequeño, perdido en un espacio infinitamente desolado, escondido y seguro en un espacio propio, etcétera. Definir actitudes-esculturas de: superioridad, inferioridad, seguridad, miedo.

INT-EspC: Conformar figuras grupales sin tocarse; cada uno ocupa todo el espacio pasando por los interespacios (sin chocarse); ocupar los espacios y niveles libres; empujarse y atraerse (diálogo corporal).

INT-Cod: Definir la interrelación con un objeto, con un espacio (evocado) y con los otros por medio de gestos, actitudes y acciones.
Combinando las acciones, transformar el sentido del objeto a partir de un palo: paraguas, muleta, arco de violín, plumero, palillo escarbadientes.
En grupo, los actores se van transformando en el espacio, los objetos y los personajes de los lugares evocados por un personaje (son su pieza, son una playa en la que imagina veranear, son una fiesta, son una oficina).

INT-Tiem: Dos personajes representan una determinada relación actual. Se congelan en una postura que la sintetice. En cámara lenta representan una relación anterior (mejor o peor) y vuelven a la postura actual. Siguen actuando.

INT-Esp: Dada una interrelación entre dos personajes, vivirla en distintos espacios (públicos, privados, cerrados, abiertos, grandes, pequeños).

INT-Pers: Partiendo de una actitud constante frente a sí mismo, frente a los otros, o en el espacio, construir personajes. Definir arquetipos de interrelación con los otros: posesivo, protector, curioso, opresor, entrometido, etcétera.

INT-ARG: Desarrollar las contradicciones de un personaje en sus diversas relaciones en diferentes ámbitos; padre protector en su casa, déspota en su empresa; déspota en su empresa y esclavo en su casa.

INT-PCR: A partir de los elementos encontrados, elaborar alegorías de la realidad.

INT-Pb: Unos actúan frente a otros. El coordinador congela la acción. Los que observan opinan, interpretan y sugieren. Sigue la acción o se repite teniendo en cuenta las sugerencias. El coordinador vuelve a congelar. Los espectadores sugieren agregar personajes o quitarlos. En el primer caso pasa a actuar el personaje que falta.

Capítulo 3 — El entrenamiento del mimo como arte escénico (I)

Ser pragmático-creativos (pcr)

Ser pragmático-creativos es una actitud posible desde el primer día de entrenamiento, pero es a su vez el resultado de un largo proceso sumamente complejo en el que intervienen innumerables factores personales y sociales que no podemos desarrollar aquí. Nos limitaremos, por lo tanto, a ilustrar con algunos ejercicios algunas de las tantas formas de encarar el entrenamiento que posibilitan el desarrollo de la creatividad, alentando la flexibilidad, la fluidez y la originalidad latentes en toda persona. Capacidades que –como diremos luego– deben estar acompañadas por un esfuerzo de calibración, ajuste, concreción.

La creación como re-creación

Dada una historia, inventarle diferentes finales y variantes. Inventar versiones contradictorias de una historia. Establecer versiones trágicas, cómicas, absurdas de una versión elegida.

La creación como participación

Dada una acción o movimiento o actitud de uno, los demás deben (espontáneamente) realizar todo lo que puedan **asociar** a ello: otras acciones, otros personajes, objetos, historias (la asociación debe ser espontánea).

Producir una **reacción** (coherente o incoherente) espontáneamente. **Adaptarse** a la acción, movimiento, actitud de otro.

La creación como proyección de significados

Mientras un grupo realiza cosas siguiendo una pauta, otros (que desconocen la pauta) tratan de inspirarse en ellos y mejorar lo que suponen que pudieron haber representado. Apenas el grupo de actores termina, el o los que observaban proponen su obra (haciéndola), la cual puede ser exactamente igual, parcial o totalmente diferente, pero debe haber sido pensada en ese instante. El juego queda invertido: los que habían actuado deben inspirarse en los que ahora actúan, pudiendo conservar elementos de su propia actuación. El juego se repite varias veces (un observador no participante anota en clave las diversas acciones, si no se tiene video).

Con la luz apagada, uno va mencionando las partes componentes de una acción dramática (personajes, objetivos, obstáculos, desenlace). Todos deben asociar libremente cada parte mencionada a otras cosas. Previamente puede haber un acuerdo en trabajar una figura, por ejemplo, "la escalera". Asociar la escalera a: tipos de escalera, personajes, interrelaciones espacio-temporales, acciones, actitudes, situaciones humanas, emociones, sensaciones, valores y vicios humanos. Algunos fueron escribiendo cada cosa en papelitos. Clasificarlos y juntarlos por rubros. El juego consistirá en sacar un papel de cada rubro (un personaje, una emoción, una situación, un vicio, etc.) e improvisar un argumento.

La creación como trabajo intelectual

Dado un argumento descriptivo (explícito), analizarlo y extraer las metáforas o alegorías de la vida que puedan hallarse implícitamente en él. Luego recrear el trabajo, tratando de acentuar las imágenes que mejor simbolicen esos temas, agregando y sacando cosas según ello lo exija.

Inspiración y transpiración

Trabajar un mismo tema durante un tiempo largo. Mientras se intenta esta profundización, seguir paralelamente los demás trabajos y estudios, improvisaciones libres, etcétera.

Estar preparados para reconocer la irrupción de la idea genial, la "inspiración", que puede llegar en cualquier momento del día y durante cualquier circunstancia.

Mientras se espera este acontecimiento, es bueno anotar todas las demás ideas que van surgiendo, e incluso intentar plasmarlas. Conviene acumular una enorme cantidad de variantes antes de cerrarse a una opción, siempre que exista el tiempo necesario para llegar a ella o bien cuando el deseo del grupo no sea el de lograr algo preciso o acabado.

Las primeras ideas que surgen son los trozos de roca que van dejando salir al oro escondido en la montaña de nuestra interioridad. Son anteriores a la idea "brillante". Pero si no nos comprometemos con ellas, si pasamos de una a otra para no hacer nada, dejaremos escapar también a la idea brillante.

Lo mismo nos ocurrirá si nos apegamos demasiado a esas primeras ideas colmando con ellas todas nuestra exigencias de creatividad.

Es probable que, en un clima de juego creativo, las ideas que surgen desborden la capacidad de materializarlas en obras y que, aun cuando se halle acuerdo para trabajar una idea, no se tenga el tiempo de concretarla y finalmente no se llegue a nada. También puede ocurrir que no surja inmediatamente una buena idea y se copie lo que otros hicieron, o lo que uno mismo hizo en otro tiempo.

Estos dos extremos: el delirio siempre inconcluso y el cliché reiterado, deben evitarse a toda costa.

> **Capítulo 3** | El entrenamiento del mimo como arte escénico (I)

En nuestra opinión, debe estipularse un tiempo preciso para mostrar el trabajo y mostrarlo dentro de ese tiempo en el grado de elaboración en que esté. Y luego otro lapso preciso para recrearlo y volverlo a mostrar. Así, hasta que se considere más o menos terminado.

El proceso de la inspiración, mientras tanto, seguirá un camino paralelo, tendrá sus propios tiempos y circunstancias. La idea deslumbrante que finalmente dará sentido y forma a un mimodrama no siempre surge durante el trabajo. Pero seguramente tampoco surgirá si no trabajamos el tema, si no intentamos una y otra vez darle forma acabada para una ocasión concreta.

Lo importante es que cuando llegue la idea no nos encuentre embretados, encorsetados, en la estructura que tan pacientemente fuimos edificando. La inspiración viene para desestructurar la obra hecha y reestructurarla como obra de arte, para convertirnos de albañiles en arquitectos, para hacernos pasar de hacedores a creadores.

Si fuésemos absolutamente flexibles y nos dejáramos informar por la inspiración, nunca propondríamos dos veces un mismo argumento. Ojalá que el miedo a esta libertad automodificadora no sea tan grande que la gente pueda predecir lo que va a hacer un mimo. Pues si esto ocurre, el mimo en América Latina morirá como murió en otras partes del mundo, antes de haber nacido. Será una flor sin tallo y sin semilla, una moda, un adorno.

Y ojalá que el público no se canse tampoco de esperar nuestra "gran" obra y se pierda el deleite de cada pequeña obra que logremos ir plasmando.

El pragmatismo creativo consiste en hacer cada día lo posible y lograr que lo posible sea cada día mejor.

Notas
1. Diferenciar significa registrar un aspecto o parte y definir su importancia relativa respecto del objetivo final (ser y hacer mimo en nuestro caso). Integrar significa experimentar la interdependencia de ese aspecto con todos los otros, con los que constituye un conjunto orgánico funcional irreductible y mayor que la suma de las partes separadas.
2. El proceso de creación supone un transitorio desmoronamiento de nuestra estructura yoica, pero mantenemos un hilo de conciencia que nos permite volver al estado cotidiano. Volveremos a él quizás más conscientes de nuestra capacidad de odio, de amor, de celos animales, etc., más conscientes de lo que ya éramos.
3. Junto con la llamada "pantomima de estilo" se hicieron clásicas ciertas figuras a las cuales –erróneamente– se suele reducir el arte del mimo. El mimo debe darse a sí mismo la posibilidad de crear nuevas figuras partiendo de las leyes y principios de la figuración y enriqueciéndose con las otras artes, como la plástica, la danza expresiva, las danzas orientales, las artes marciales, y finalmente construyendo las figuras desde una emoción interna para que sean actitudes teatrales, como diremos a propósito del lenguaje del mimo.

Por eso mencionaremos algunos de los principios básicos de la figuración y su interrelación con los demás aspectos, antes de considerar las figuras "clásicas" del mimo.

Entre estos principios, no consideraremos por ahora el estudio de las calidades de movimiento ni el estudio específico de los movimientos naturales y recreados de los cuales han surgido las figuras tradicionales.

Nos limitaremos, asimismo, a movimientos y posturas que no requieren desplazamiento de la base.

Capítulo 4
El entrenamiento del mimo como arte escénico (II)

Diferenciación e integración de los aspectos que configuran el hacer mimo como arte escénico representativo

Hacer mimo es un modo de ser mimo, porque somos lo que hacemos (lo que decidimos hacer) y porque el arte del mimo hace algo en nosotros: nos transforma en ese conjunto de aspectos que estuvimos analizando, todos los cuales se interrelacionan conformando nuestra identidad.

Así como dijimos que "somos" físico, "somos" energía, movimientos y posturas, espacio circundante e interrelación, así decimos ahora que "somos" nuestros argumentos, nuestros personajes, que somos espacio-temporales y que somos no una mera expresión sino comunicación y por lo tanto código y retroalimentación con un público. Diferenciaremos para mejor integrar cada uno de los aspectos del hacer mimo.

Argumento (Arg)

El argumento es aquello que queremos comunicar de nosotros y lo que representamos a través de lo que hacemos.

Cuando queremos "decir" algo nos comprometemos con el público, estamos queriendo dejar traslucir nuestro ser energía en lugar de parapetarnos detrás de lo que mostramos.

Aunque el público nos percibe desde su propia necesidad de entenderse a sí mismo y se siente representado quizás en lo que cree que quisimos decir y en lo que de algún modo dijimos sin querer, nuestro entrenamiento consistirá en procurar que lo que comunicamos se parezca lo más posible a lo que quisimos comunicar y para ello podemos preguntarnos:

Arg-Cod.: ¿Hemos revisado los gestos, las actitudes y acciones que configuran cada alegoría? ¿Utilizamos correctamente la gramática del mimo? (ver código).

Arg-Esp-Tiem.: ¿Las acciones se suceden en la dimensión espacio-temporal que les es propia?

Alberto Ivern **EL ARTE DEL MIMO**

Cualquier argumento puede ser abordado desde la técnica del mimo: "Latinoamericana" propone la integración latinoamericana (FOTO Nº 23); "Se apaga el sol" es una propuesta ecológica (FOTO Nº 24); "Getsemaní" desarrolla el tema de la vida y la muerte (FOTO Nº 25).

| CAPÍTULO 4 | El entrenamiento del mimo como arte escénico (II) |

"El pájaro sagrado" reproduce una danza ritual filipina (FOTO Nº 26); "El diario vivir" se refiere a a influencia de los mass media (FOTO Nº 27); "Educados para aplaudir" trata el tema de la educación (FOTO Nº 28).

Arg-Pers.: ¿Los personajes contienen el argumento, son coherentes con él?

Arg-Pb.: ¿Pensamos desde el público? ¿Lo tuvimos en cuenta?

Arg-Erg.: Las sensaciones, emociones e ideas que se traslucen por la calidad de los movimientos, ¿son las que hemos decidido transmitir?

Arg-Fis.: ¿Manejamos la tensión y relajación muscular, el equilibrio, la respiración, y demás aspectos del ser físico de acuerdo al argumento?

Arg-My.: ¿Hemos aprovechado todas las figuraciones posibles? ¿La configuración estética contribuye a decir el argumento del modo que queremos decirlo?

Arg-Int.: ¿Están bien definidas las interrelaciones de cada personaje consigo mismo, con el espacio y con los otros?

Arg-pcr.: El argumento es el mejor que pudo ocurrírsenos. ¿Lo valoramos desde nosotros mismos como para identificarnos con él? ¿Hemos encontrado una forma posible de representarlo?

Mientras vamos adquiriendo un hábito de percepción integral de todos los aspectos, se puede llevar a cabo este análisis, distribuyendo a cada componente del grupo un aspecto desde el cual observar todo el trabajo (el argumento).

Los temas y su abordaje

Cualquier tema puede ser transformado en el argumento de una obra de mimo, aunque existen límites en cuanto a la forma de tratarlos, como ocurre en todas las disciplinas. El mimo debe encontrar los enfoques específicos desde donde tratar cada tema y enriquecer su lenguaje propio con las demás disciplinas, en lugar de anexarlas como elementos extraños.

Una forma aún vigente de tratar el tema es la mimesis o imitación de la realidad y su descripción. Así, el mimo resulta ser una suerte de espejo más o menos fiel o más o menos rebelde, en el que la sociedad puede ver reflejados sus propios comportamientos exteriores así como objetos y seres conocidos.

"Sin necesidad de abandonar la imitación de animales, objetos y personajes, ni la reproducción de situaciones, es decir, la imitación descriptiva de la realidad, ni la asimilación deformante de ella como propuesta de transformación de la realidad desde el arte, y sin tampoco negar la autoexpresión como fuente genuina de inspiración (...) creemos que debería considerarse, al menos como un producto propio del mimo, la conformación de imágenes metafóricas de la realidad humana en las que ésta se halla implicada, implícita y susceptible de ser explicitada, adivinada, por el espectador. El espectador, al tratar de adivinar, proyectará significados posibles e interpretará de acuerdo con su propia necesidad.

Éste es el tratamiento del tema que nos interesa alentar especialmente, porque es el que nos está faltando"[1] y por el tipo de temas que se plantea el hombre en muchas culturas actuales.

La temática contemporánea

En el siglo XX, el hombre no quiere seguir ocultando la sinrazón, ni pretende "ignorar" todo aquello que desborda los estrechos casilleros de la lógica. No comprende por qué debe fingir que el mundo es coherente, comprensible, razonable.

Reivindica el instinto, la pasión irracional (expresionismo), rompe con el pensamiento lógico y dogmático (cubismo), y juega con la yuxtaposición de palabras sin sentido (dadaísmo), aunque sea para sentirse auténtico al filo de un abismo nihilista.

Comienza la exploración de un nuevo universo y deben prepararse nuevos ojos para verlo, nuevos modos de expresarlo.

Para reflejar el mundo ilógico e "irreal" del subconsciente (surrealismo o "superrealismo") era preciso acudir a la imagen (imaginismo) y acudir a metáforas capaces de implicar la realidad, re-creada (creacionismo).

Se trata de un viaje sin retorno al futuro (futurismo, ultraísmo) decidido unilateralmente por el hombre, como corresponde a su nueva conciencia de hacedor de sí mismo (existencialismo). De expresar la realidad tal cual es sentida y vivida en esa simultaneidad de tiempos y espacios antagónicos, intuida entre sueños. Coexisten el pensamiento y el mundo exterior (simultaneísmo) en las vidas de personajes atrapados en un mundo cuyo sentido y desarrollo desconocen (narrativa y teatro del absurdo).

Era necesario apartar de la escena a la palabra en cuanto ladrillo de un discurso lógico, monolítico, pretenciosamente demostrativo, explicativo, ostentador del monopolio de la expresión dramática y rescatarla como parte del actor total, que a su vez es acción física elemental, memoria de sus emociones, corporación de su pensamiento lateral, necesidad de anhelos y recuerdos. Nace el teatro corporal, la poesía corporal, el mimo.

¿Nace la luz esperada o se trata de un fuego de artificio de similar pero fugaz esplendor?

La necesidad de un nuevo lenguaje teatral es la necesidad de expresar más auténticamente las vivencias humanas. Su vigencia está condicionada a la aparición de auténticos cultores que plasmen rápidamente variados estilos.

A más de 50 años de la aparición del mimodrama cabe preguntarse: ¿fue el mimo un camino válido para el hombre del siglo XX?

¿Pudo éste valerse del mimo –así como se valió de la literatura, de la pintura, de la música– para encontrarse auténticamente consigo mismo?

¿Surgieron suficientes mimodramaturgos, directores, intérpretes?

¿Se plasmaron suficientes estilos como para constituir en su conjunto un verdadero arte y para que éste sea lo que la época buscaba?

¿Nos abrimos suficientemente a todos los argumentos posibles y a todas las formas de abordarlos como para "representar" el mundo actual?

Creo que el camino más corto para lograr que el mimo sea una instancia de comunicación humana es practicar un entrenamiento a través del cual podamos devenir "transparentes"; es decir, que nuestras partes visibles se vuelvan manifestación de nuestras intenciones. Así podremos "ser" una comunicación, un nosotros, con quienes nos miran.

Porque el único argumento a comunicar es la comunicación misma y porque sobre esta expresión se edifica el lenguaje corporal en general y también el código del mimo.

Códigos (Cod)

En nuestra denominación incluiremos tanto el medio específico a través del cual se concreta la comunicación –los ladrillos con los que se edifica el discurso mímico–, como asimismo las reglas gramaticales que nos permiten discurrir correctamente. Ambos aspectos tienen la misma importancia en el entrenamiento.

Basta pensar lo que sería un discurso hablado o escrito sin comas, puntos, paréntesis ni reglas de pronunciación, para comprender lo desprolijo y confuso que sería un discurso mímico sin una "gramática" del lenguaje corporal, sin una serie de pautas para "decir" correctamente lo que queremos decir.

Desde el momento en que un mimo se hace visible ante nosotros, sobre un espacio escénico, todo lo que hace y deja de hacer se convierte para los espectadores en "indicador" de lo que quiere transmitir.

La acción

Si tuviéramos que explicarle a un espectador no vidente por qué reímos y nos emocionamos, le contaríamos antes que nada qué hace el mimo (qué le ocurre, por qué, cómo reacciona, etc.).

El entrenamiento a la acción como el entrenamiento a la expresión comienza por el estado de inacción e inexpresividad absoluta.

El estado de neutralidad e inacción –tan difícil de lograr– es la base para comenzar a valorar por qué comienza la acción, el motivo por el cual se hará algo. ¿Cuál es la necesidad que lleva al personaje a hacer algo? De ello dependerá la resolución con que lo encare, la intensidad de la energía, la persistencia ante los obstáculos.

Luego está la acción en sí, de cuya claridad dependerá que se explique a sí misma (¿qué hace?).

Si tratamos de responder a esta pregunta con la mínima cantidad de detalles culturales, atendiéndose exclusivamente al movimiento esencial, nos encontraremos frente a la acción física elemental, base sobre la cual pueden edificarse varias acciones naturales. Un hombre quiere esconder su tesoro. Toma una pala y cava un pozo en el que luego lo entierra. ¿Cuáles son las acciones físicas elementales de esta acción natural? Esconder, cavar, tapar.

Tomemos una de ellas: cavar. Se puede cavar sin pala, con las manos, con una grúa, cavar animalmente, como jugando en la arena, cavar para encontrar, cavar con curiosidad morbosa, cavar obligado a hacerlo. Miles de acciones naturales se apoyan en esa acción física elemental de cavar.

Al desarrollarse la acción podrá responder por qué (motivo) y para qué (finalidad). Si podemos responder a estas preguntas estamos frente a una acción natural (teatralmente hablando).

Esta acción natural puede ser humana en la medida en que sea ejecutada por un personaje humano, en un contexto témporo-espacial y con una determinada interrelación.

Este tipo de acciones –típicas del cine y del teatro convencional– pueden ser usadas también en un mimodrama. Pero en general el mimo utiliza la acción remarcada, que es una exaltación tanto de la acción física elemental como de la acción natural, por medio del movimiento autoconducido.

Tomando el ejemplo anterior y siguiendo el procedimiento que ya vimos a propósito de las integraciones Cod-Myp-EG, dividimos la acción de cavar con una pala en segmentos para estudiar la calidad del movimiento (decidido, cortado) en cada segmento así como las posturas figurativas y expresivas que queramos esculpir durante el recorrido para luego fundirlas y reconstruir la acción.

Esta acción ha sido remarcada para que sea contemplada, leída, descifrada, olfateada. Ya no será necesario repetirla diez o veinte veces como una acción natural de cavar un pozo con una pala; con hacerla dos o tres veces el espectador verá un pozo inmenso y sentirá el cansancio y comprenderá la desesperación del personaje y hasta verá a sus enemigos persiguiéndolo si esa fue la interrelación planteada. Asimismo, la verá como un recuerdo, como un anhelo o como una acción actual del personaje, según sea su ubicación temporal.

El gesto y la actitud en la acción mímica

Para comprender la importancia del gesto y de la actitud como códigos mímicos, es preciso volver a la neutralidad expresiva. Lograr realizar la acción sin ningún porqué y luego cambiarle el sentido varias veces, precisamente respondiendo a estas preguntas de diferentes modos: porque estoy organizando una búsqueda del tesoro para festejar el día del niño, porque quiero esconder el cuerpo del delito.

Lo que cambia no es la acción sino la actitud con que la ejecuto y el sinnúmero de gestos que delatan la energía del personaje y demás aspectos mencionados.

Antes de su ajuste técnico, el gesto y la actitud surgen espontáneamente de la sensación, de la emoción, de la intención del personaje.

Los gestos son los "indicadores" de esos estados "internos", es decir, los que determinan el sentido de la acción conformando un todo inseparable con ella.

Ahora bien, si la acción y el movimiento que conlleva son las piedras fundamentales del lenguaje mímico, no lo es menos la quietud elocuente de una actitud y su correspondiente postura, ya sea en sí misma o como fondo para que resalte con increíble elocuencia un pequeño gesto, o un diminuto movimiento de una pequeña parte del personaje.

La "acción" de "estupirse" y quedar absorto o muerto de miedo son en realidad actitudes (re-acciones) y gestos.

La acción dramática o mimodrama

Ya en aquellas acciones aisladas que tomamos como ejemplo (cavar un pozo) existe una precisa estructura: comienzo, desarrollo y desenlace.

El desarrollo a su vez tiene un nudo en el que se presenta un conflicto a resolver. El conflicto es el choque de dos fuerzas que se oponen: pueden ser dos intenciones opuestas o simplemente una intención que choca con un obstáculo. En nuestro ejemplo, el obstáculo puede ser la dureza del suelo, el cansancio o debilidad de sus músculos.

Pero si bien cada una de las pequeñas acciones aisladas puede contener una microhistoria, es el conjunto de todas ellas que –globalmente consideradas– configuran una historia, trama, argumento, escena u obra.

De ese conjunto de acciones tramadas debe resultar una "acción" con principio, desarrollo, nudo o conflicto y desenlace. Y es a ese conjunto total de acciones que denominaremos acción mimo-dramática o mimodrama.

Análisis, recomposición y recreación de movimientos

Nos referimos a los movimientos con desplazamiento en el espacio. Analizarlos significa diferenciarlos, agruparlos según su tipo pero también seccionar cada uno en tantos segmentos como sea posible.

- Analizar gestos, actitudes y acciones cotidianas: indicar, dar, recibir, saludar, sentarse, caer, doblarse, saltar, pecar, acurrucarse, levantarse.
- Realizar movimientos de base: rotación e inclinación de elementos simples (ojos, cabeza, cuello, cintura escapular, pelvis, cadera, piernas, brazos, manos, etc.) y de elementos compuestos congelados (todo el tronco, con brazos-cabeza-busto). Hacerlo con distintas intensidades y dinamismos.
- Realizar varios movimientos de base simultáneos (asociados y disociados) en función de lograr:
  – Recomposición estilizada del movimiento natural.
  – Movimientos puros: articulado, ondulatorio, traslaciones, contradictorios.
  – Movimientos construidos (no naturales del hombre) por combinación de movimientos de base (elementos simples o compuestos) y movimientos puros. Por ejemplo: el títere, el robot, movimiento del bastón, restablecer la línea recta, etcétera.

Con la creación de nuevos movimientos accedemos a la figuración abstracta.

Análisis de la inmovilidad (expresiva)
- Detener justificadamente el movimiento del personaje: porque se olvidó la plancha enchufada, porque se dio cuenta de que lo estafaron, porque lo asaltaron, porque encontró algo inesperado, porque rompió algo, porque piensa, porque lo descubrieron, porque acumula odio. Detectar la diferencia entre cada inmovilidad y remarcar la particularidad de cada una.
- Analizar una acción detectando todas las posibilidades de inmovilidad expresiva que puedan aprovecharse para resaltar actitudes y gestos que hagan a la comprensión del argumento.

Ejercicios
- Partir de un movimiento abstracto. Reiterarlo hasta transformarlo en un esquema cíclico que empiece, se desarrolle, termine (y recomience).
  Transformarlo gradualmente en una acción, por medio de las preguntas antes mencionadas: qué hago, por qué, para qué. El movimiento se irá transformando en una acción física elemental y luego en una acción natural sin desnaturalizar totalmente la trayectoria ni intensidad original.
  Ralentar la velocidad de la acción. Detener el movimiento en figuras (esculturas, fotos). Elegir una figura que represente la emoción principal de la acción. Reducir esa figura a un gesto mínimo.
- Partir de un gesto. Convertirlo en una actitud global del personaje. Desarrollar esa actitud como acción. Estilizar la acción hasta convertirla en movimiento abstracto.
- Construir una historia con cuadros estáticos (esculturas expresivas), pasando súbitamente de uno a otro (o apagando y prendiendo la luz, aprovechando la oscuridad para cambiar de figura).
- En escenas grupales: remarcar un personaje utilizando éste un dinamismo diferente al que usan los demás.
  Remarcar un aparte de la historia repitiéndola hacia atrás y hacia delante varias veces (avance y retroceso); o bien realizándola en "toc", en "fundido".

Desdoblamientos y conversiones
Desdoblamientos por giros
- Un personaje castiga a su perro, gira y se transforma en el perro castigado; gira y se transforma otra vez en el amo, etcétera.

- Un grupo de comensales tiene actitudes muy refinadas; giran y se transforman en animales rapaces; giran y vuelven a comer delicadamente, etcétera.
El giro no debe interrumpir la acción o movimiento, sino desdoblar a sus personajes multiplicándolos.

Conversiones por stop y cambio de dinamismo
- Un personaje o grupo está realizando una acción. Se detienen. En fundido representan otra acción (anhelada o temida). Vuelven a la posición de stop y continúan la acción anterior con el mismo dinamismo.

Conversiones por stop y desenfundamiento
- Un personaje o varios están realizando una acción. Se detienen (congelan la acción). Salen de sí mismos como si se salieran de un traje, marcando el volumen y extensión de su ser físico.
Incluso algún rasgo de su silueta exterior. Se comportan como si fuesen "otros" o como si hubiesen cambiado totalmente sus actitudes. Luego vuelven a meterse adentro en el lugar y posición exacta del stop. Siguen actuando como si nada hubiese ocurrido.

Conversión desde la acción física elemental
- El personaje está realizando una acción. Se automatiza en ella, reduciéndola a una acción neutra inexpresiva. Le cambia el sentido y luego cambia la acción misma aprovechando su parecido con otra (ejemplo: pescar - remontar barriletes - izar una bandera, etc.). Luego de encadenar varias acciones puede volver a la original, en el espacio objetivo y tiempo presente, demostrando que lo demás fue un pensamiento.

Conversión por uso no convencional de objetos
- Cambiar el significado del objeto sin detener la acción: raqueta de tenis / matamoscas / batuta de director de orquesta.

Conversiones encadenadas
- Cualquiera de los ejemplos anteriores. Encadenar varios usos imaginarios y construir una historia desde alguno de ellos como punto de partida y de llegada (acción real desde la que se ven las otras imaginadas).

Alberto Ivern **EL ARTE DEL MIMO**

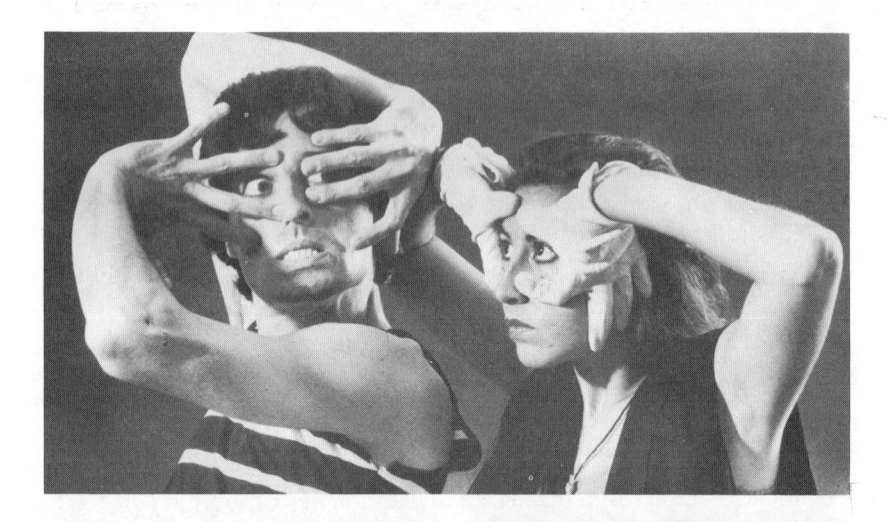

Conversiones por stop y desenfundamiento FOTO Nº 29
Construcción de máscaras con el propio cuerpo FOTO Nº 30
Un simple gesto de taparse FOTO Nº 31.
Los códigos del mimo son incontables.

Capítulo 4   El entrenamiento del mimo como arte escénico (II)

Otros códigos gramaticales

Con las conversiones por stop pudimos poner entre paréntesis o bien subrayar determinados aspectos del argumento; con el cambio de dinamismo resaltamos asimismo una parte de la acción entre las demás; con las actitudes, los gestos y la inmovilidad expresiva ponemos comas, puntos, signos de admiración o pregunta, etcétera. Los movimientos construidos nos permiten caracterizar personajes y situaciones abstractas; en general, el análisis de las propiedades del objeto, así como de los movimientos esenciales de la acción física elemental, nos permiten pasar de una acción a otra sin necesidad de detenernos.

Estamos aprendiendo a decir, a usar el lenguaje mímico y hacerlo correctamente, es decir, como un medio eficaz para transmitir un mensaje preciso.

Sería necesario detenerse en muchísimos otros recursos y técnicas que contribuyen a la inteligibilidad de nuestro mensaje. Ya hemos hablado, por ejemplo, de la calidad de los movimientos y de las figuraciones posturales (MyP). Ellas son para nosotros un código esencial porque es desde ellas que el espectador puede evocar en sí mismo la emoción que nos inspira para hacerlas.

Otro aspecto esencial es la mirada del personaje. Hay ciertas figuras que dependen casi exclusivamente de ellas, como la sensación de avanzar merced a la sensación de ir dejando algo atrás con la mirada; la sensación de estar arriba o abajo, adentro o afuera, en un lugar muy alto o muy profundo, así como la culpabilidad, la complicidad o la inocencia del personaje.

La mirada crea la distancia que queremos representar entre el personaje y su punto de llegada o partida.

Otros aspectos importantes que hacen a la ubicación espacial son los puntos fijos y los objetos (evocados) que marcamos y ubicamos en algún lugar del escenario y que luego debemos respetar mientras sigan siendo parte del mensaje.

Por medio de la manipulación de objetos evocados como mesas, puertas, paredes, así como de las distancias que marcamos con las marchas, deslizamientos, con la mirada; vamos creando un espacio dentro del espacio: creamos abismos, techos, límites donde es preciso moverse con respeto mientras sean parte de lo que estamos diciendo.

Todavía hay muchos más aspectos importantes, pues todo el arte del mimo, es decir, el conjunto interrelacionado de todas las partes que hacen al ser y hacer mimo, no es otra cosa que una gramática y una sintaxis del lenguaje corporal.

Así, por ejemplo, cuando hay un personaje arquetípico como los de la comedia del arte o cualquier caracterización que sintetice un concepto -la avaricia ("el avaro"), la idiotez ("el idiota"), el orgullo ("el orgulloso"), etc.-, cuando estos caracteres constituyen su alma, su estructura física, sus movimientos, es decir, cuando trascienden una actitud momentánea de "estar así" y se convierten en la entera personalidad del sujeto, entonces estos personajes son un código. Son en sí mismos un mensaje, una suerte de "máscara de..." que ya habla por sí misma. El mensaje trasciende lo que hace y lo que le pasa al personaje durante la acción dramática representativa, la cual puede no tener final o, si lo tiene, pasa a simbolizar un final posible de todos los que son así.

Otro aspecto que puede considerarse como código son las posiciones de los brazos y manos, que en el hombre común hablan por sí mismas de su interrelación.

En la comunicación cotidiana son muchos más los mensajes que enviamos y recibimos a través de códigos no orales, máxime teniendo en cuenta que junto con las palabras también enviamos un sinnúmero de señales que dan uno u otro sentido a aquellas.

Pero más que un catálogo de gestos, importa tener conciencia de ellos como códigos y de la necesidad de una gramática y de una sintaxis para su utilización como lenguaje mímico.

Entendemos que, así como en la música existen silencios, pausas, además de notas y acordes, y como en la pintura existen tonalidades además de formas, así también en la acción mímica existen tiempos y espacios, "silencios", "pausas", "tonalidades", que son las que deben ser remarcadas cuando uno comienza su entrenamiento.

Si existe una característica común en todos los que recién se inician en este arte, es el apuro. El fatal atolondramiento del hacer muchas cosas para representar todo, para imitar todo, para demostrar todo.

Pero ese moverse como olas no nos convierte en mar.

La acción mímica no nace del ajetreo del hacer, del imitar, del demostrar. Nace en la solemne inmensidad del ser. En el asombro elemental de un universo que se respira a sí mismo, sorprendido, maravillado de ser uno mismo en el mundo. Frágil equilibrio de mil contradicciones, milagrosa flor sobreviviente a la intemperie.

Por eso el mimo puede convertirse tanto en una lenta, creciente y silenciosa emoción que como el sol naciente es capaz de transformar la noche en día con ese solo simple movimiento de emerger; como en un maremoto de incontenibles olas o como cualquier otro misterio que esconde un quieto mar.

Pero sabemos que alguien es un mar no cuando hace olas sino cuando –estando quieto– se parece a un mar; insondable energía imprevisible, eso es un mimo.

Ejercicio
Analizar un mimodrama ajustando el código con relación a cada uno de los demás aspectos: Cod-ARG; Cod-Esp; Cod-Tiem; Cod-pers; Cod-Pb; Cod-EG; Cod-Fis; Cod-Myp; Cod-EspC; Cod-lNT; Cod-Pcr.

Cada miembro del grupo puede focalizar un aspecto desde el cual juzgar el trabajo, y así, del aporte de todos los "especialistas", saldrá un ajuste técnico adecuado.

También puede confiarse a algunas personas el conjunto de aspectos que corresponde a un "rol" (autor, puestistas, director, etc.).

Con el tiempo, la percepción global e intuitiva se habrá enriquecido con la diferenciación e integración de todos los aspectos, los cuales se convertirán no sólo en un modo de ver sino también de hacer mimo, de imaginar obras de mimo. La consideración de cada aspecto no coarta la creatividad si no más bien le da un marco adecuado para que ésta pueda plasmarse en toda su riqueza posible.

Una gramática para el siglo xx

Hasta ahora nos preguntamos "cómo hacer que se entienda lo que expresamos". La ubicación espacio-temporal de los personajes y acciones es una condición sin la cual no se "entendería" lo que hacemos, en el sentido de que no resultaría "lógico".

Pero ¿interesa que se entienda?, ¿o el tema de nuestro siglo es el no-entendimiento?, ¿cómo expresar esa sensación de no entendimiento?

La división principio-nudo-desenlace es una estructura de la narración tradicional. La división del drama en tragedia y comedia es una costumbre adecuada a la época clásica griega.

Actualmente, en el drama mezclamos lo trágico y lo cómico. La fatalidad del destino y la purificación por el dolor han sido totalmente desplazadas de escena. La libertad, el auténtico desamparo, la no comprensión del mundo, los impulsos ilógicos, la coexistencia de contrarios, parecen necesitar romper viejos cánones para poder expresarse. Como si el absurdo sólo pudiese ser expresado absurdamente; como si el caos no tuviese ni principio, ni nudo ni desenlace... Como si la claridad, la explicitación de un sentido único, unívoco, fuese un autoritarismo inaceptable.

Parecería ridículo que el mimo intentara jugar de suplente de la palabra,[2] en una época en que la palabra ha sido destronada, despojada de su poder descriptivo y narrativo de "la verdad" y de "la realidad".

Si la literatura busca desencadenarse de las estructuras lógicas, ¿qué sentido tiene un encadenamiento lógico de gestos, actitudes y acciones?

Podríamos pensar esa decepción ante un racionalismo mentiroso como una exigencia "racional"; a la denuncia de incomunicación como una forma de "comunicar" esa vivencia; y al grito de que nada se entiende como a una exigencia de entender. Desde esta perspectiva, el inquietante "desorden" no sería otra cosa que la "lógica" ruptura de un orden agobiante -al modo como un polluelo rompe el cascarón dentro del cual ya no puede sentirse bien-.

¿Se trata de encontrar nuevas formas de decir porque aquello que necesitamos decir no encaja en los modelos actuales? En este caso, el enigma que debe resolver nuestra gramática es el mismo que dio origen al anterior: ¿cómo expresar el argumento?

Imagen, metáfora, alegoría

La realidad nos trasciende y nos envuelve. Difícilmente se deje "describir" o narrar sin que ello implique reducirla, coartarla, caricaturizar su auténtico fluir, su infinitud y su polisemia.

Pero luego de sumergirnos en la vida misma como en un río, podemos emerger enriquecidos de imágenes con las que acuñar metáforas y alegorías que la impliquen, que la *"impliciten"*.

Imagen

La imagen es como una fotografía, una escultura o un recuerdo: síntesis de un movimiento o acción que alguien ve o "imagina".

Puede ser:

- *Presentativa:* cuando se muestra, de golpe, con patetismo, una actitud remarcada, una acción remarcada en toc (por ejemplo: una mujer que había sido caracterizada como asustadiza se transforma en una gallina, durante unos segundos).
- *Resultante:* cuando se deja una impresión en el espectador como resultante de una serie de acciones y movimientos (ejemplo: la imagen de un ser inseguro).
- *Sugerida:* cuando se produce en el espectador la impresión (visual, auditiva, olfativa, gustativa, táctil, térmica, de movimiento, muscular, anímica), apelando a su propia imaginación (por ejemplo: hacerles creer que el personaje tiene frío, que está en un desierto, etc.).

Metáfora

Es una transposición, un elevarnos más allá de las imágenes (presentativas, resultantes y sugeridas), las cuales están siendo propuestas como estímulos para captar aquello que nos trasciende o nos resulta inasible. (Por ejemplo: metáfora del hombre contemporáneo como "un fabricante de juguetes que lo dominan").

Alegoría

Una serie de imágenes metafóricas dirigidas a un mismo asunto constituye una alegoría en la que una realidad inabarcable se halla implicada, susceptible de ser deducida por el espectador. (Por ejemplo: alegoría de la incomunicación a partir de imágenes metafóricas de distintos tipos de incomunicación).

Desde la narración descriptiva a la construcción de imágenes significativas o pro-metafóricas

No basta aclarar los términos. Es preciso ejercitarse en la construcción de signos o imágenes que transporten al espectador a la intuición de emociones abstractas, tal como hacemos al hablar.

Por lo general, la imagen significativa es la resultante de un proceso. Veamos con algunos ejemplos algunas de las variantes de este proceso de transformación a partir de acciones cotidianas.

- Por *exageración de la emoción* (y enriquecimiento argumental de la acción).
  Llorar por un amor. Recoger las lágrimas en una mano ahuecada. Al depositarse más lágrimas seguir agrandando esa burbuja. Apoyarla en el suelo y seguir arrojando lágrimas. Lavarse las manos con el chorro de agua que cae de los ojos.
  Sumergirse en el lago que se formó en el suelo (gran lágrima). (Argumento: "se ahogó en un mar de lágrimas".)
- Por *exageración de la acción* (y profundización de la emoción).
  Querer cortar en el plato. La carne está dura. Cortar con más fuerza. Cortar con cortafierro y martillo. Con pico, con martillo eléctrico, con dinamita... ("se mató por cortarla").
- Por *transposición de la acción y emoción* a otras situaciones.
  Hachar árboles que están en un bosque (como trabajo sistemático, cansado, obligado, con bronca, por venganza, con morbosidad). Hachar personas que están en una fiesta. Hachar objetos culturales (semáforos, columnas de la luz, casas, puertas) que están en una ciudad. ("Al que se le cruzara lo mataba.")

- Por *mantenimiento de una sensación o situación* con cambio de acción.
  Atender una llamada telefónica. Pegarse al tubo con placer. Estar pegado con fastidio (querer cortar y el otro no "larga"). Quedarse pegado. No poder desprenderse el tubo de la oreja. Hacer todas las demás cosas del día con el tubo en la oreja. ("No me lo pude despegar." "No cortaba nunca.")

Espacio (Esp)

Gran parte de la emoción que sentimos al hacer algo, la libertad misma y el modo de hacerlo tienen que ver con el lugar en que estamos, con las convenciones sociales de las que tenemos conciencia y que nos avisan de lo que es habitual o insólito hacer allí.

El espacio condiciona incluso lo que se nos ocurre pensar, lo que tenemos ganas de hacer, de decir.

Si bien no nos referiremos aquí a estos diversos espacios convencionales en los que habitamos (un parque, un colectivo, un bar, etc.), sino a un espacio en el que convencionalmente teatralizamos –El espacio escénico–, en este espacio escénico evocamos situaciones vividas en aquellos lugares habitacionales.

Por ello, luego de una rápida alusión a las líneas del escenario, nos detendremos en ese espacio evocado, verdadero contexto de la acción teatral.

El espacio escénico

Conocemos diversos tipos de escenarios y conviene determinar ciertas líneas para transitarlos, según la peculiaridad de cada uno, cuando vamos a poner en escena un mimodrama, o cuando queremos pensar a éste desde el espacio en el que será finalmente representado.

Estas líneas tienen una finalidad práctica (visibilidad), pero tienen también un significado plástico (figuración grupal) y sobre todo alegórico (lectura de los subespacios).

a. Espacio frontal
Cuando el espectador se ubica frente al proscenio y el actor actúa hacia él.

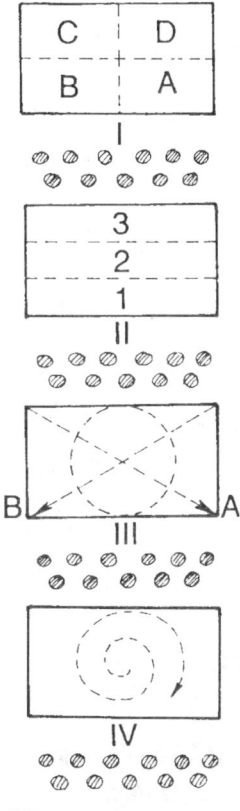

Capítulo 4 — El entrenamiento del mimo como arte escénico (II)

I. Determinar el centro del escenario y considerar cuatro subespacios. Investigar el posible significado de cada subespacio.

II. Dividir el escenario en tres planos y verificar la importancia que adquiere una acción o un personaje entre otros según el plano en que se desarrolle o actúe. Tener en cuenta que, para una acción grupal, los que están en el primer plano deben estar en un nivel más bajo si no quieren tapar a los otros.

III. Considerar dos diagonales y una circular. Ensayar entradas y salidas por las diagonales y probar a llenar el espacio transitando por la circular.

IV. Considerar movimientos en espiral desde la circular hacia el centro y desde el centro hacia la circular. Verificar el posible significado dramático de este recorrido.

V. Formar (entre varias personas) oblicuas en V cerradas y abiertas, estrellas, considerando niveles (bajo, medio, alto).

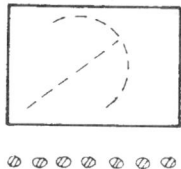

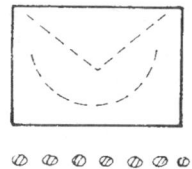

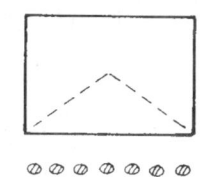

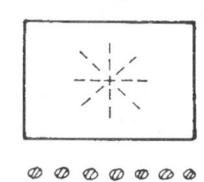

b. Espacio semicircular

Cuando los espectadores rodean en semicírculo a los actores y éstos los tienen en cuenta.

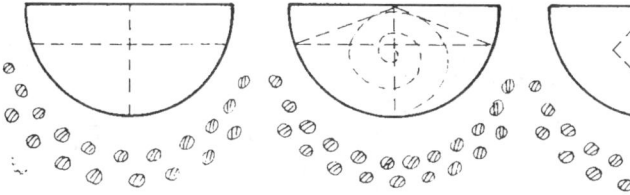

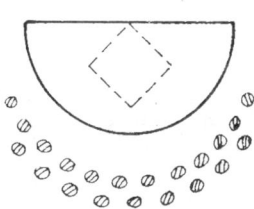

Readaptar las líneas anteriores: La semicircular equivale al proscenio (nivel bajo). El centro puede desplazarse hacia el foro: las diagonales pueden surgir de este nuevo "centro", y las líneas en V no pueden abrirse desde el medio. Desaparece el plano medio.

c. Espacio circular
Cuando el espectador rodea totalmente el espacio escénico y el actor actúa hacia todos lados.

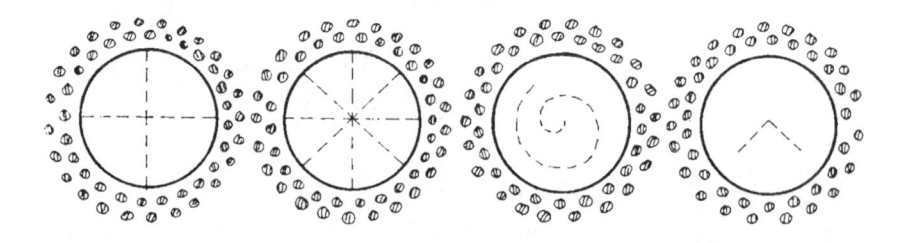

Puede determinarse un centro al igual que en el espacio frontal, pero desaparece el significado alegórico de los subespacios al no haber un punto de vista único.

El centro coincide con el nivel alto, mientras que la circular (convertida en proscenio) corresponderá al nivel bajo. Todas las figuras grupales son posibles, pero las V son a la vez abiertas para unos y cerradas para otros.

Toda línea que pase por el centro es diagonal para la mayoría de los espectadores.

d. Espacio circundante
Cuando los espectadores son rodeados por la acción dramática.

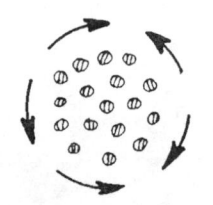

Descubrir el posible significado alegórico de esta puesta en escena (el espectador no abarca la acción total).

e. Espacio escenográfico
Cuando el espectador se halla dentro del espacio usado para la representación y éste es parte de la escenografía.

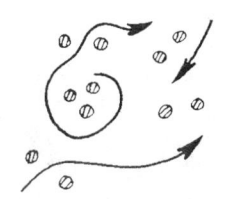

Espacio evocado

Más allá de la configuración estético-argumental de la puesta en escena, suponemos que la acción se desarrolla en un "lugar", pues es la evocación de algo que ocurrió en alguna parte.

La posibilidad de sugerir un espacio dentro del limitado espacio escénico fue el objetivo de las primeras investigaciones en el arte del mimo, que dieron origen a ciertas figuras que pronto se hicieron "clásicas".

Pero la resolución de la pregunta: "¿adónde ocurre la acción?" (adentro, afuera, arriba, abajo..., de un lugar abierto, cerrado, público) apenas nos anticipa el verdadero sentido del espacio teatral, que habrá de profundizarse con la resolución de otras preguntas: "¿cómo están los personajes en ese espacio?" (encerrados, escondidos, desamparados) y "¿cuál es su relación con el lugar?" (les es propio, ajeno, ocupan un puesto jerárquicamente importante, etc.).

a. Dimensión espacial de la acción

Existen relaciones de tamaño, de pertenencia, de jerarquía, que dan origen a un sinnúmero de posibles ubicaciones psicológicas.

Veremos primero las que se refieren a la acción presente.

En el teatro, el espacio escénico generalmente está acondicionado para significar un determinado lugar. En mimo, podemos caracterizarlo con acciones y objetos evocados ("abro una puerta", "subo una escalera", "descuelgo un saco"). A este espacio marcado como lugar de una acción presente le llamaremos "espacio objetivo", porque allí está el personaje.

Luego llamaremos "espacio subjetivo" a aquel hacia el cual el personaje viaja imaginariamente.

- Espacio objetivo
  1. Soy pequeño en un espacio grande (una hormiga en una bañera); soy grande en un espacio pequeño (una fiera en una jaula).
  2. Soy un rey en mi palacio (valgo mucho en un espacio propio), soy un rey en un palacio enemigo (valgo mucho en un espacio ajeno).
  3. Soy un esclavo en mi escondite (valgo poco en un espacio propio); soy un esclavo en un palacio (valgo poco en un espacio ajeno).
  4. Soy pequeño y esclavo en un palacio grande (y ajeno); soy grande y rey en mi pequeña pieza, etcétera.

Espacio evocado.
Tomando una esfera
FOTO Nº 32.

Estar encerrado
adentro de una esfera
FOTO Nº 33.

CAPÍTULO 4 El entrenamiento del mimo como arte escénico (II)

FOTO Nº 34: Espacio evocado (apoyado en un mueble inexistente).

- Espacio subjetivo (evocado como lugar de la acción pasada o futura)
  1. Grupalmente: varios actores representan los objetos (el lugar) de la acción presente (son la pared, una lámpara, la cama, la puerta, la ventana de una habitación), es decir, el espacio objetivo.
  Pero súbitamente se transforman en otros objetos o seres, representando el lugar donde el personaje estuvo (pasado) o donde piensa ir (futuro).
  Luego de que el personaje finalizó esta nueva acción (por ejemplo, una fiesta), todo vuelve a la posición uno, representando otra vez el espacio objetivo desde donde el personaje imaginó.
  Siempre es necesario volver al espacio objetivo para que se entienda que lo otro fue un pensamiento, un deseo, un recuerdo.
  2. Unipersonalmente: determinar un espacio objetivo y un espacio subjetivo; pasar de uno a otro por medio de una pauta (giro, desenfundamiento, stop y cambio de dinamismo).

b. Relaciones particulares del mimo en el espacio objetivo
1. Estoy en el espacio: caminar, girar, resbalar, caer, saltar. Los espectadores deben adivinar en qué tipo de espacio estoy (abierto, cerrado, grande, pequeño, propio, ajeno).
2. Suplo el espacio: con las mismas acciones, y actitudes y gestos determino si estoy arriba, abajo, adentro, afuera, a la izquierda o a la derecha de algo. Agrando el espacio arrojando algo y siguiendo su trayectoria con la mirada. Lleno el espacio al sumergirme en el mar, o lo vacío al salir a la playa; lo hago ancho, alto. Pero también puedo ser yo mismo ese espacio: ser la anchura del mar, ser los giros de un caracol, la cuadratura de un cubo. Puedo ser un árbol de un bosque, la puerta de una casa, es decir, un objeto físicamente más grande, representando una parte de él. Puedo ser un miembro de un ejército o avanzar como si fuese el primero de una enorme manifestación de miles de personas.
3. Me pierdo en el espacio: líneas de fuga, planos, perpendicularidad, horizontalidad, oblicuidad. (geometría en el espacio).

Ejercicios de entrenamiento del ser espacial
a. Introducción al espacio
- Trazar un garabato en un papel y corporizarlo (recorrido, intensidades, movimientos, posturas, líneas). Observar un objeto y corporizar

CAPÍTULO 4 — El entrenamiento del mimo como arte escénico (II)

sus líneas espaciales, los movimientos que sugiera, sus características peculiares (hueco, lleno, blando, rodante...).
- Recorrer una habitación transformándose en lo que se va observando: ensancharse ante una pared, abrirse ante una puerta abierta, afinarse ante un cable. Transformarse en lo que fueron o serán los objetos. Por ejemplo: pared-arena-playa; puerta de madera-árbol-bosque. Transportarse a esos diversos espacios.
- Ocupar los espacios libres. Ocupar todo el espacio. Ocupar un espacio propio y defenderlo. Tratar de ensancharlo (llenarlo de cosas evocadas). Vaciarlo. Realizar movimientos amplios en un espacio amplio. Movimientos pequeños en un espacio amplio. Intentar movimientos amplios en un espacio pequeño. Romper límites (liberación, expansión). Poner límites (seguridad, privacidad).
- Surcar el espacio como si estuviese lleno. Sintiendo que cada parte de mi ser roza el espacio al moverme. Soy duro en un espacio blando; soy blando en un espacio duro. A medida que logro moverme, el espacio se ablanda y yo me tonifico.
- Experimentar las distintas relaciones en el espacio objetivo (ver: relación particular del mimo en el espacio objetivo).
- Experimentar las distintas formas de estar en el espacio a partir de las tres relaciones básicas (tamaño, pertenencia, jerarquía) y sus combinaciones (ver: dimensión espacial de la acción).
- Transitar las líneas del espacio escénico procurando ocuparlas, dividiendo el espacio según ellas, realizando acciones, figuras, corporizando emociones relativas a cada subespacio. Luego tratar de conciliar esas líneas del espacio escénico con la evocación del espacio objetivo y las formas de estar en él.
- Representar uno o más espacios subjetivos, en forma individual y grupal (ver espacio subjetivo).

Ejercicios de integración de la dimensión espacial de la acción con los demás aspectos

1. Escuchando una música definir en qué tipo de espacio estoy y cuál es mi relación con ese espacio. Cuál es la emoción que siento. Cuáles son mis características físicas y mis movimientos y posturas coherentes con ese personaje que soy y estoy allí. Cuál es mi interrelación conmigo mismo y con ese espacio evocado.
Con la misma música alterar todas las variables (ser lo opuesto). Por ejemplo: cambio mi interrelación con el espacio, cambio el tipo de espacio, cambio mis actitudes, vivo otra emoción.

2. Definir el estudio en el que estamos trabajando como un espacio "x" y ubicar a un actor en una parte de ese supuesto lugar en una determinada posición. El actor debe justificar su postura y actuar de acuerdo con las pautas dadas. Por ejemplo: este lugar es un palacio y me ponen arrodillado frente al trono. Interpretaciones posibles: a) el actor se levanta ofuscado, desenvaina su espada para luchar contra quien lo empujó (se considera rey en su palacio). b) El actor se inclina servilmente ante el rey (se considera un esclavo). c) El actor junta los trozos de comida dispersos, nerviosamente (se considera un mozo a quien se le cayó la bandeja). d) El actor cae y muere, se considera alguien que ha sido herido mortalmente. Cualquiera de estas acciones sería igualmente coherente.
3. Evocar un tipo de espacio A en el que pueda representar una situación de mi pasado (en la que yo era y actuaba de otro modo). Salir de ese lugar. Ubicarme en mi presente, realizando una acción que me asegure que estoy en mi realidad actual, en un espacio B.
Al entrar en el espacio A, transformarme. Al pasar al espacio B. recuperar mi identidad actual.
Evocar un espacio C: ideal o anhelado o temido (futuro posible). Allí comportarme según cómo estoy y cómo soy (imagino). Pasar los tres espacios.
4. Determinar un espacio A en el que soy y me comporto como un animal enfurecido.
Determinar otro espacio B en el que soy y me comporto de acuerdo con las pautas sociales y culturales de una persona ejemplar, tierna, humanitaria.
Caracterizar un personaje que vive una doble vida (en los dos espacios).
Componer una historia simple, de una o más personas, quienes se transforman y comportan de modos diametralmente opuestos según el espacio en el que están durante el día hasta volver a su casa.
5. Grupalmente, representar el espacio subjetivo (y objetivo) de un personaje. Buscar paralelos entre los distintos objetos y personajes de ambos espacios. Por ejemplo: alguien que hace de "amigo fiel" en la infancia, hace de perro en su vida actual. Alguien que era su padre hace de espejo; alguien que lo protegía, hace de abrigo.

CAPÍTULO 4 — El entrenamiento del mimo como arte escénico (II)

Figuras clásicas del mimo

¿Cómo sugerir el espacio evocado? ¿Cómo crear la ilusión de estar avanzando sin desplazarse realmente del lugar, para dar la impresión de recorrer una distancia sin necesidad de utilizar un gran escenario? ¿Cómo dar la impresión de subir o bajar, de estar dentro o afuera, delante o detrás de un muro sin necesidad de echar mano a costosas escenografías teatrales y sin contar con la posibilidad de manipular los ojos del espectador, como hace el cine?

Las figuras resultantes de estas investigaciones se hicieron "clásicas", pues se transmitieron y se utilizaron por sí mismas o como punto de partida en torno a las cuales se hilvanaron los primeros mimodramas en nuestro siglo.

Saber ejecutar perfectamente estas figuras clásicas del mimo no implica conocer profundamente ni el arte ni la técnica del mimo (así como el saber rasguear algunas canciones en una guitarra no implica saber música), pero constituye una de las maneras de aproximarse a este arte y al entrenamiento –aunque sea inconsciente– de algunas de sus técnicas.

Todas ellas requieren, por ejemplo, el desplazamiento simultáneo de dos o más partes en direcciones opuestas (disociación), lo cual provoca los efectos ópticos denominados "punto fijo" y "compensación".

Efectos de avance: marchas y deslizamientos sobre el lugar

1. Caminata común

Flexionando rodilla de la pierna de apoyo, quedar en media punta (sin levantar la altura real de la cabeza). Al mismo tiempo, aterriza el talón de la pierna estirada. Pasar el peso a esta pierna que llegó.

(La pierna que ahora tiene el peso hará lo mismo que hizo la otra.) Pero antes la que quedó en media punta sin peso, sale desde el empeine, estirándose. Los brazos van con la pierna contraria, blandos.

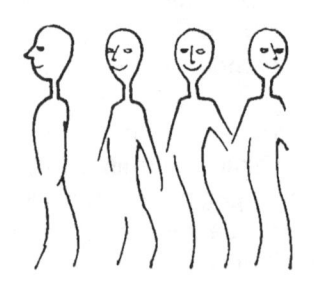

La cabeza gira hacia atrás por un costado como siguiendo algo
que pasa en dirección contraria (sensación de avance).

2. Caminata moderna

a. Torre hacia adelante sobre media punta de pierna avanzada.
b. Subir esa pierna avanzada bajando talón como tirado desde la cabeza (la pierna de atrás subirá a media punta). Eje sobre ambas piernas.
c. En torre hacia atrás (presionando sobre la media punta, pierna flexionada). Eje en la pierna de atrás. Al subir (bajando talón), igual a la figura a.

Capítulo 4 — El entrenamiento del mimo como arte escénico (II)

3. Marcha en la arena

Piernas semiabiertas, una en media punta, presionar sobre ella en torre. Subiendo, restablecer el eje e inclinarse del mismo modo hacia la otra pierna. Brazos contrarios flexionados.

4. Marcha en el agua

Peso distribuido entre ambas medias puntas. "Avanzar" con un talón mientras llevamos el otro hacia atrás (mayor apoyo en la pierna de avance: torre lateral).

5. Marcha contra viento

a. Pierna flexionada en media punta. Presionar (todo el peso sobre ella) hasta que la otra (estirada recta) queda sin peso
b. Bajar el talón de la que tiene el peso y al mismo tiempo sale expulsado hacia atrás, a ras del piso, el talón de la que no tiene peso
c. Siempre con el peso en la misma pierna, vuelve la que salió expulsada y se coloca en media punta al lado de la primera. Presionamos mandándole todo el peso.

6. Carrera en cámara lenta

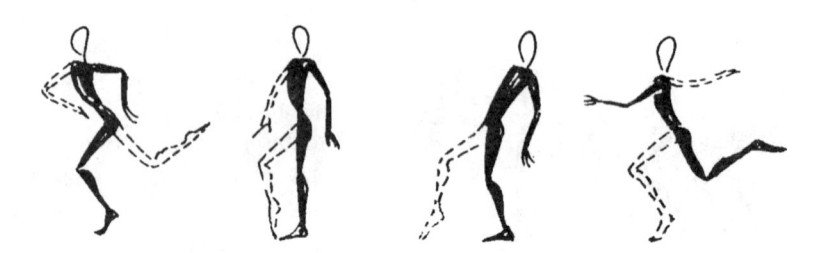

a. El peso sobre una pierna flexionada; balanza hacia adelante. La otra pierna flexionada en el aire. Brazos contrarios
b. Sin cambiar el peso, con pierna semiestirada, balanza hacia atrás (la pierna que estaba flexionada en el aire atrás, pasa hacia adelante: balanza hacia atrás).
c. La pierna que ahora quedó adelante se apoya y recibe gradualmente el peso, como si cayeran hacia adelante, el pecho, luego hombros, codo, brazo (brazos contrarios).

7. Monopatín

a. Todo el peso sobre una media punta. La otra sale expulsada como en marcha contra viento.
b. Al volver, la pierna libre avanza desde el empeine y sigue hacia adelante como en la marcha o caminata común, hasta colocarse estirada hacia adelante, para volver con talón que se desliza hacia atrás.
c. La pierna de apoyo se flexionará y estirará como en la caminata común.

8. Patín de ruedas

El peso sobre una mediapunta, como en la marcha contra el viento. Al bajar el talón, resbalar el otro pie hacia el costado (sin peso). Al volver, el pie libre de peso se apoya en media punta y recibe el peso. (Torso inclinado hacia adelante; brazos estirados hacia adelante-abajo.)

9. Patín sobre hielo

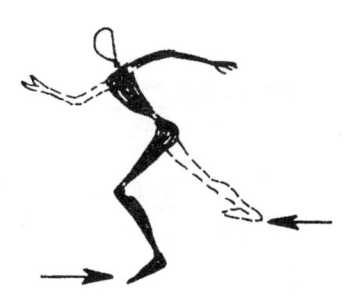

Exagerar el deslizamiento del pie libre (del patín sobre ruedas); como asimismo la torsión del tronco y el recorrido de los brazos (abiertos).

10. Esquí

Ambos pies juntos. Flexionar. Torso hacia adelante. Los brazos desde adelante hacia atrás, rodillas hacia adelante.

11. Bicicleta

Flexionar sobre media punta alternadamente las rodillas, manteniendo la posición (asiento y volante) como puntos fijos.

12. Caballo

Salticando rápido en mediapunta con rodillas flexionadas. Peso repartido. Subir y bajar el nivel de la cabeza.

13. El vuelo del águila

a. Una pierna flexionada en media punta y la otra estirada hacia atrás (cola). El tronco quebrado hacia adelante. Hundimos el pecho en el aire, hacia abajo; los hombros, codos y muñecas hacia arriba, como si quedaran flotando en el aire, embolsándolo.
b. Las alas (brazos) están en cruz. Bajan desde las muñecas, como tirando el aire hacia abajo. Ello hace que suba el tronco. (La columna pasa de puente a roll.)

Otros efectos espaciales: adentro-afuera, adelante-atrás, derecha-izquierda, arriba-abajo

1. La pared

a. Caminando hacia delante, **chocar una pared** (manos hacia atrás, tronco hacia delante).

b. Presionando en torre sobre media punta avanzada, **empujar una pared** (codo hacia atrás, resto hacia delante).

c. Caminando con brazo avanzado, apoyar mano en marco de puerta. Al avanzar, tirar muñeca hacia atrás, quedando **enganchado en el perfil**.

d. Estar frente a una pared. Manos pegadas, codos flexionados. Llevar ambas manos hacia izquierda y cintura escapular hacia derecha. Luego a la inversa (impresión de "punto fijo").

e. Estar frente a una pared. Despegando y pegando los brazos (uno a la vez) correrlos hacia un lado. Luego, como si quisiera, con ellos, traer la pared hacia mi lado, trasladarme yo (lateralmente) hacia allí (manos hacia un extremo y resto hacia el otro) con desplazamiento lateral.

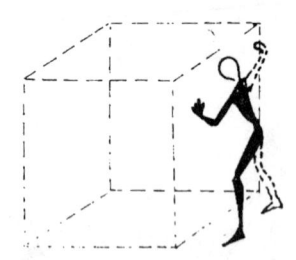

f. Del modo indicado en "e", marcar ángulos externos de un cuadrado.

g. Ídem ángulos internos de un cuadrado.

h. Trepar una pared

(Ver ilustración en ítem 14, página 108).

2. Cilindros y esferas

Desplazar manos sin necesidad de despegar. Marcando la curvatura (como si un hilo tirara de la punta de mis dedos), con una mano y luego con la otra.

Cilindro    Esfera por fuera    Esfera por dentro]

3. Aberturas y puertas

Asomarse por un agujero y traspasar el muro. Estar del otro lado sin soltar el borde del agujero.

Quedar "enganchado" en el marco y pasar abriendo una puerta con la otra mano.

4. Barras paralelas

Caminando entre barras paralelas horizontales (manos hacia atrás, resto hacia delante).

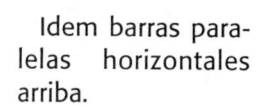

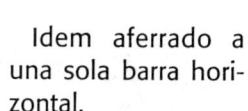

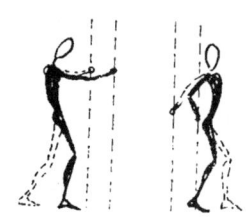

Idem barras paralelas horizontales arriba.

Idem aferrado a una sola barra horizontal.

Asomarse entre barras paralelas verticales (manos hacia atrás, pecho-estómago hacia delante).

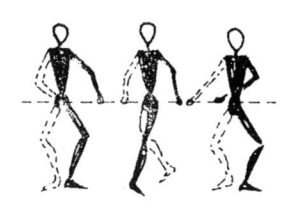

Caminar de costado aferrándose a una barra horizontal ubicada en la espalda (altura cadera). Disociación lateral.

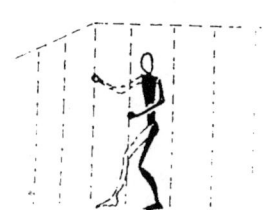

Recorrer una jaula de barras paralelas verticales (ángulos externos e internos).

5. Tirar de una cuerda

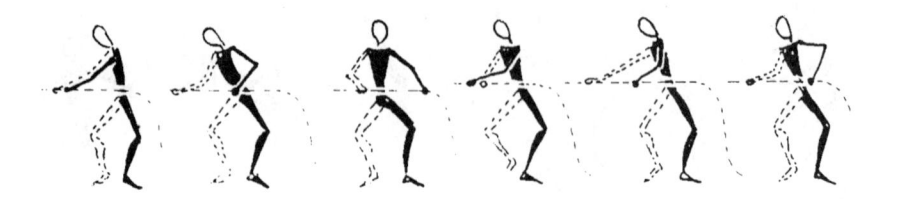

a. Tomar una cuerda con ambas manos. Torso ligeramente inclinado hacia adelante.
b. Tirar con ambas manos a la vez, especialmente con la mano de atrás hasta que este brazo quede estirado (atrás).
c. Despegar brazo de atrás y con esa mano aferrar la cuerda pegándola adelante de la otra.
d. Despegar la mano que ahora quedó atrás, y aferrar la cuerda más adelante (la otra mano también cede un poco). Volver a tirar.

6. Cinchadas con cuerda

a. Tomar una cuerda con ambas manos adelante y llevar caderas atrás; al tirar de la cuerda, llevar caderas hacia adelante hasta perder equilibrio avanzando dos pasos.
b. Ser tirado de la mano adelantada. Equilibrio sobre la pierna del mismo lado.
c. Ser tirado de la mano de atrás. Girar y quedar en equilibrio sobre la pierna del mismo lado.
d. Tirar de dos en dos (uno tira y el otro cede, alternativamente).

| **CAPÍTULO 4** | El entrenamiento del mimo como arte escénico (II) |

7. El campanero

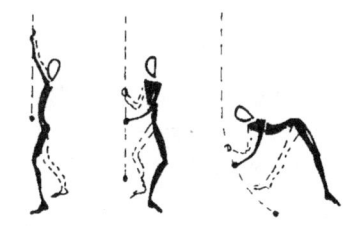

Tirar de una cuerda con ambas manos hacia abajo. Sin soltar la cuerda, llevarla hacia arriba y repetir la acción.

8. Trepar por una cuerda

a. Tirar con ambas manos hacia abajo y al mismo tiempo subir a media punta.
b. Sin bajar de media punta, despegar la mano de abajo y colocarla inmediatamente arriba de la otra (pegada).
c. Cuando la mano que ahora está abajo sube para aferrarse más arriba, bajar el resto (excepto la mano que queda ahora abajo, que cederá un poco).

9. Trepar por una escalera de cuerdas

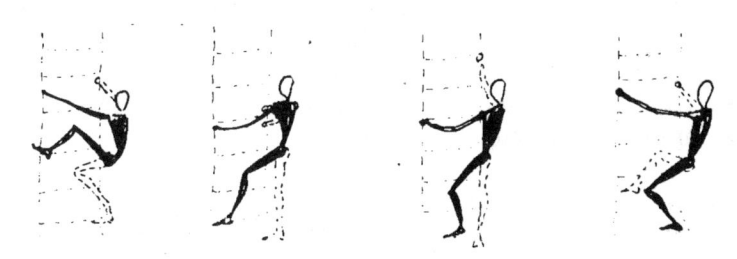

a. Colocarse en posición de subir, ligeramente agazapado; ambos brazos arriba aferrado a las cuerdas y una pierna sobre un escalón.

b. Cuando ambas manos y pierna elevada bajan, subir estirando el tronco, subiendo a media punta.
c. Siempre en media punta, subir la mano contraria a la pierna que bajó.
d. Luego subir la otra mano y la otra pierna y al mismo tiempo bajar el nivel de la cabeza, agazapándose y descendiendo sobre la pierna que ahora quedará en el piso (la que antes había subido).
e. Volver a subir.

10. Subir una escalera de barco

(Idem cuerdas, pero teniendo en cuenta la rigidez de las barandas.)
Al llegar arriba seguir despegando y pegando las manos, pero sin subirlas realmente, sino volviendo a colocarlas en el lugar.
Utilizar el último tramo como barra paralela.

11. Escalera oblicua (subir)

a. Sobre dos apoyos
En general, el efecto de subir es dado por la mano que baja: deslizándose oblicuamente hacia atrás y hacia abajo. Mirada hacia arriba.
Sobre la base de la marcha en la arena o en el agua.
Despegar la mano cuando queda abajo-atrás y llevarla adelante.
Disociar rodilla adelante-brazo atrás.

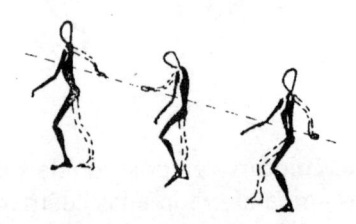

CAPÍTULO 4 El entrenamiento del mimo como arte escénico (II)

b. sobre media punta (un apoyo)

La pierna de apoyo se flexiona hasta media punta, al igual que en la caminata común o el monopatín. Al mismo tiempo, el otro pie se apoya en un escalón y desciende oblicuamente hacia atrás. Conjuntamente con el pie que baja, desciende la mano que recorre la trayectoria de la baranda.

12. Escalera caracol (subir)

Ídem oblicua, pero, en el momento del ascenso, girar sobre el pie de apoyo para ir corrigiendo la posición y dar el efecto de circular.

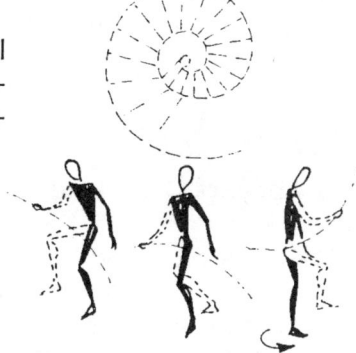

13. Descender una escalera

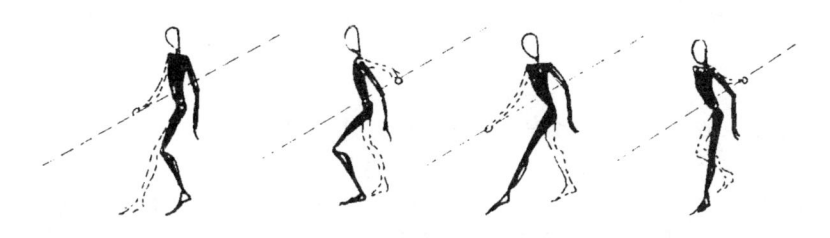

Sobre la base de la caminata común, agregar brazo que se aferra adelante-abajo y asciende hacia atrás-arriba. La mirada hacia abajo.

14. Trepar una pared

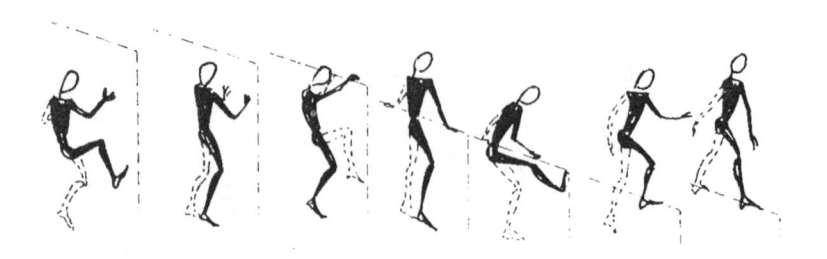

Sobre la base de subir escalera marinera o de cuerdas, corregir la postura general (más pegada a la pared, tomándose de salientes en diferentes puntos).

A llegar al borde superior, seguir el mismo esquema de subida despegando las manos y volviendo a colocarlas en el mismo nivel, mientras los pies estarán cada vez más cerca de ellas.

Resoluciones: montarse sobre el muro, saltarlo, trepar hasta su cima. (En todos los casos hay disociación: para subir, bajar brazos y para bajar, subirlos.)

15. Apoyarse en un mueble

Desplazando un apoyo (media punta) de pierna cruzada, ir en torre hacia ese lateral (hay desplazamiento del eje). Al mismo tiempo, venir con mano hacia el hombro, flexionando el codo.

Rutinas de entrenamiento de las figuras clásicas del mimo

1. Acercarse a una puerta (marcha en el lugar). Un viento me impide cerrarla (marcha contra viento); correr hacia ella (corrida en cámara lenta). Cerrar la puerta. Recorrer la habitación buscando la llave de la luz (pared). Apoyarse en un mueble (apoyo lateral con desplazamiento del eje).

> **Capítulo 4**   El entrenamiento del mimo como arte escénico (II)

2. Recorrer por dentro un cuadrado de rejas. Trepar. Salir volando. Aterrizar y despertar (adentro).
3. Recorrer el interior de una casa sin desplazarse de un punto (marchas sobre el lugar).
4. Recorrer un laberinto de puertas y paredes sin desplazarse de un lugar (marchas y pared).
5. Atrapar esferas cada vez más grandes (esfera por fuera), hasta quedar aplastado y atrapado en una esfera (esfera por dentro).
6. Huir trepando y utilizando sogas y escaleras de distinto tipo; atravesar puertas y aberturas variadas.
7. Inventar historias en las que se aplique justificadamente cada una de las figuras.

Resumen sobre la ubicación espacial de la acción

Para que la acción sea entendible, debe sugerirse el lugar en el cual ésta ocurre. Para ello, el mimo representa un espacio evocado dentro del espacio escénico. Pero la ubicación espacial de la acción implica, además de la descripción de ese lugar, dimensiones, características, objetos; la interrelación del sujeto con ese lugar (¿le pertenece?, ¿le resulta ajeno?, ¿cómo está el personaje en ese lugar'?).

La técnica consiste en saber ubicar espacialmente la acción y ello no se reduce a saber marcar una pared o subir una escalera, aunque implique este conocimiento, entre muchos otros.

Tiempo (Tiem)

Las acciones humanas relatadas, dramatizadas, representadas para ser vistas, son entendibles en la medida en que puedan ser percibidas o imaginadas como "sucediendo" alguna vez: en este momento, en un pasado, o en un futuro.

Aun cuando relatamos un sueño lo más fielmente posible, terminamos convirtiéndolo en una sucesión temporal de acontecimientos, ya que no podemos relatar dos cosas a la vez (como efectivamente ocurrieron).

Si bien en mimo podríamos relatar simultáneamente dos o más acciones o representar la simultaneidad con giros, conversiones, stop, etc., hay siempre un "antes" (motivo que explica la acción), un "durante" (desarrollo) y un "después", que vuelven entendible la acción global o mimodrama.

Al menos cuando el entendimiento importa argumentalmente, hay un tiempo de "lectura" de la acción (el espectador debe tener tiempo de contemplar todos los elementos que consideremos necesarios para descifrar el argumento), hay un tiempo en el relato (debemos explicar la acción: por qué vamos a hacer algo y luego terminar de hacerlo antes de empezar otra cosa).

El tiempo, al igual que el espacio teatral, pretende ser una evocación de esa sucesión y duración de hechos efectivamente vividos o imaginados como vividos; pero en un lapso tanto menor cuanto más conciencia tenga el espectador de la ficción. La acción de subir una cuerda –por sí misma– no puede durar más que unos pocos minutos en teatro; quizás no pueda durar siquiera un minuto en cine y apenas debe alcanzar unos segundos en televisión.

Lo importante no es, pues, realizar durante mucho tiempo una misma acción para que el argumento sea claro, sino realizar –aunque sea brevemente– todas y cada una de las acciones y movimientos esenciales que materialicen en su conjunto la duración o trayectoria de una situación a otra; el tránsito de un espacio a otro.

Dicho transcurrir del tiempo puede estar significado asimismo por un símbolo convencional, como el "ciclo vital", donde un niño encuentra una pelota y se vuelve un muchacho, encuentra una corbata y se vuelve hombre, encuentra un bastón y se vuelve anciano.

Ahora bien, más allá del transcurrir en una historia lineal, interesa remarcar la ubicación temporal de cada acción.

Se dice que el mimo, a diferencia del cine, es una acción presente, en el sentido de que ésta es ejecutada por el actor cada vez frente al espectador. Pero el mimo puede estar representando un hecho pasado, presente o futuro (anhelado, temido) y aun una emoción no encuadrada en uno de estos estados precisos.

El presente coincide con el espacio objetivo, mientras que los demás estados se corresponden con el espacio subjetivo o representación del mundo interior del personaje.

A las preguntas que definieron la acción (qué hace, por qué y para qué, dónde) le agregaremos estas otras: ¿está recordando?, ¿está imaginando una situación?, ¿o está representando algo que ocurre en este momento?, ¿en qué tiempo ocurre?

Toda persona transita constantemente por los tres tiempos, pero casi nunca los corporiza. Por ello, un personaje que se caracterizara por actuar constantemente recuerdos o anhelos frente a los demás, constituiría en sí un argumento, una alegoría de la realidad humana, un espejo que desocultaría un modo de ser a la vez habitual e insólito.

Capítulo 4 — El entrenamiento del mimo como arte escénico (II)

A menudo, las personas tratan de mantener vigente una imagen de sí mismas que corresponde a un pasado o que es un sueño futuro, y se esfuerzan por convencerse o convencer de que se trata de su realidad actual.

Este regenerar el presente también puede ser en sí mismo un argumento. Pequeños detalles, insignificantes incoherencias, bastarán para orientar al espectador acerca de la irrealidad del personaje. Mientras que para diferenciar con mayor nitidez cada uno de los tiempos, podremos apelar a cualquiera de los códigos gramaticales estudiados (conversiones, cambio de dinamismo, desenfundamiento).

Como ejercicios para la integración de la dimensión temporal con los demás aspectos del ser y hacer mimo, podemos utilizar variantes de los ejemplos ya mencionados (Fis-tiemp; Eg-tiemp, etc.).

Personajes (Pers)

El mimo se ha convertido durante demasiado tiempo en un personaje al que le ocurren todas las cosas. Debemos llegar a ser "actores" capaces de interpretar los más diversos personajes.

Esos personajes están germinalmente en nosotros, desarrollándolos habremos crecido nosotros mismos y nuestra disciplina.

Como veremos, la caracterización de personajes humanos consistirá en definir y lograr una estructura psicofísica coherente con el rol que debe cumplir en una historia. Haremos dicho estudio a partir de nuestro gráfico inicial.

Este estudio podría ubicarse, a su vez, como término medio entre dos técnicas que aporta el mimo, una en sus comienzos históricos y otra en nuestros días. Ellas son el mimetismo y la caracterización abstracta de "máscaras totales".

En general, el estudio de personajes comenzó siempre por la observación. A partir de allí, los caminos se bifurcaron; uno nos llevó a la identificación y mimetismo; otro al análisis y recomposición abstracta. En el medio, la caracterización.

Si bien el término "personaje" deriva de persona (rol de una persona en una sociedad), consideraremos aquí como personaje al protagonista, ya sea éste un objeto, un animal, una persona histórica o un personaje construido por nosotros como imagen metafórica.

El mimetismo se justifica cuando el argumento se asienta en las acciones del protagonista, mientras que la caracterización abstracta se utiliza cuando el personaje contiene el argumento en su misma estructura psico-física. Ésta es construida en forma abstracta mediante la combinación de elementos conocidos e imaginados (hombre-animal; hombre-objeto; máscara-total dinámica).

Guia para la observación de personajes (humanos)

1. *Características físicas*
   a. Partes que puedan diferenciarse (que tengan un movimiento independiente). Descripción detallada de cada una. Registro de características físicas peculiares.
   b. Centro motor (desde donde se autoimpulsa). Centro de concentración predominante (desde dónde se expresa, en qué parte se percibe su dinamismo y su energía, con qué parte "habla").
   c. Tono muscular (general y de cada parte).
   d. Posturas (más constantes): general y de cada parte.
   e. Dinamismo (habitual, general y de cada parte).
   f. Movimientos asociados y disociados.
   g. Peso, tamaño (en relación con el espacio-objeto y en comparación con el observador); edad (aparente); sexo (identidad sexual).
   h. Figuración más constante (abierta, cerrada, líneas...).
   i. Respiración.

2. *Características psíquicas*
   a. Energía: humor o estado de ánimo más frecuente, emociones y motivaciones, sensaciones, pensamientos, temas de conversación, intereses, proyectos, resolución de problemas.
   b. Reacciones ante estímulos cotidianos y ante un estímulo imprevisto (¿se cierra?, ¿se abre de golpe?, ¿enfrenta?, ¿huye?, ¿es indiferente?, ¿se queda inmóvil?, ¿salta?).
   c. Espacio circundante: ¿tiene intimidad, es cerrado, abierto, es invadido?

3. *Características psico-sociales*
   a. Espacio: relaciones de tamaño, pertenencia, jerarquía de su rol.
   b. Interrelación: consigo mismo; con el espacio, con los otros.
   c. Vestuario: aseo personal, comportamiento social en general.

4. *Actividad: observación de una actividad fundamental o constante (profesión u ocupación)*

CAPÍTULO 4 El entrenamiento del mimo como arte escénico (II)

FOTO Nº 35: La caracterización de personajes encuentra en "Carlitos" un modelo riquísimo para analizar los elementos que constituyen una forma de ser-vestir-pensar-actuar...

Ejercicios de aproximación al mimetismo de personajes

Mientras el alumno va completando la guía –actividad que suele demandar varios días–, conviene realizar ejercicios que lo ayuden a familiarizarse con la observación y lo aproximen a la técnica.

1. Auto-observación: registro en sí mismo de algunos aspectos de la guía con los cuales construir un esquema de personaje.
2. Elección de un elemento para el mimetismo.
   a. Elegir una parte de sí como centro motor y esa misma u otra como centro de concentración predominante.
   b. Elegir un dinamismo y movilizar la parte escogida y desde ella todo el resto de sí según ese dinamismo.
   c. Convertir ese movimiento en una tarea (¿qué hago?) y detenerse.
   d. Asumir un sexo y una edad acordes con ese dinamismo y tarea. Continuar el movimiento (tarea). Detenerse.
   e. Ubicar espacialmente al personaje y continuar la tarea.
   f. Deducir su humor, jerarquía social, etcétera.
3. Rememorar las edades o etapas evolutivas, remarcando el centro de concentración predominante en cada una.
   a. Gateo: brazos-boca (exploración).
   b. Niñez: piernas-ojos (exploración, equilibrios).
   c. Adolescencia: hombros-espalda (angustia-inseguridad).
   d. Juventud: pecho (vigor, avance).
   e. Adultez: cabeza (decisión, supervisión).
   f. Vejez: piernas-estómago (equilibrios, nostalgias).
4. Durante un juego o actividad grupal, cada uno observa a un compañero. Al terminar la actividad, cada uno representa al observado y todos deben determinar de quién se trata.

Mimetismo de un personaje

Una vez completada la guía, se procederá a la identificación del observador con la persona observada.

Identificarse significa en este caso asumir esa identidad voluntariamente.

La evocación no consistirá solamente en recordar la guía, sino en pensarse a sí mismo siendo así y en actuar así en una combinación permanente de concentración y movilización, similar al segundo de los ejercicios de aproximación mencionados.

Capítulo 4 — El entrenamiento del mimo como arte escénico (II)

El estado inicial es de neutralidad absoluta: la no identidad, la no expresión. Soy apenas un esqueleto y una masa muscular amorfa y sin energía, dispuesta a ser moldeada y a adquirir un carácter, un sexo, una edad, una postura, un dinamismo, etcétera. Soy un muñeco de arcilla que anhela ser transformado (en la persona observada).

Lo primero que recibo es una postura general y un ritmo respiratorio. Luego una energía (sensaciones, emociones, pensamientos) que comenzará a manifestarse en un centro de concentración predominante (antes de esta particular concentración en un punto, la energía me recorrerá enteramente desde la cabeza hasta las extremidades y desde lo más próximo a lo más distante: cabeza-cuello, hombros).

Luego seré informado por un dinamismo que movilizará mi centro motor y, desde él, todo mi ser físico.

Inmediatamente me sentiré atraído por una actividad que realizaré en un espacio preciso, según una determinada interrelación con él. Ello me revelará asimismo mi interrelación conmigo mismo y con los otros.

Aceptaré mi humor y demás caracteres psíquicos, lo cual determinará mi tono muscular general y la calidad de mis movimientos.

Cada tanto me detendré. Y pondré atención en una parte de mí. Y asumiré cada pequeño detalle de mi ser físico: desde la cabeza hacia las extremidades y desde lo próximo a lo distante de mi cabeza, hasta hallarme totalmente transparente a mí mismo como si me sintiera enteramente presente, totalmente consciente de quién soy y cómo soy.

Para asumir mi edad, retrocederé en el tiempo o avanzaré hasta sentir que tengo esa edad. Si soy calvo, me daré el tiempo suficiente para que se caigan mis cabellos. Combinando siempre momentos de actividad puramente mental con otros de movimiento o transformación desde la acción.

Para ayudarse a asumir caracteres físicos peculiares, pueden ensayarse situaciones que lo provoquen y justifiquen.

Dada la inconsciente resistencia a este cambio de identidad que presupondría un cierto grado de flexibilidad por parte del actor, el primer mimetismo suele llevar mucho más tiempo que los siguientes. Asimismo, el primer retorno al estado original es bueno que pase por el estado neutral que mediatizó entre el actor y el personaje.

La habilidad en la observación global de un sujeto y de las principales variables (esquema corporal, dinamismo, centro motor) nos permitirá con el tiempo transformarnos en un personaje con sólo verlo pasar. Aunque nunca se tratará de un mimetismo tan profundo, sino más bien de un *identikit* o caricatura.

Mimetismo de animales

El proceso de identificación o mímesis es similar, cualquiera sea el punto de llegada, marcándose las principales diferencias en el proceso de observación.

Guía de observación de animales

1. *Espacio*. El animal es un todo con el espacio en el que habita (no es lo mismo observarlo en su hábitat natural que hacerlo en una jaula de un zoológico). Casi toda su conducta tiene que ver con el medio.
   Para ser objetivos en la observación del espacio, debemos registrarlo desde el punto de vista del animal: un gusano en un tronco de un árbol de apenas 20 cm. de diámetro equivaldría para nosotros a estar sobre una rugosa plataforma de 40 metros. Un gato debajo de una mesa sería, para nosotros, como estar debajo de un ancho arco de triunfo.
   Además de esta "perspectiva" espacial, es preciso considerar la perfecta adecuación de las características del animal al medio. Por lo tanto, frente a aquellos aspectos del lugar que podrían parecernos "feos", "áridos", "lúgubres" desde el punto de vista de nuestras características bio-psico-sociales, debemos adecuar nuestros gustos y nuestros códigos estéticos y nuestras necesidades si queremos ser observadores "objetivos", pues para el animal son su más confortable residencia.
   Dada la unidad animal-medio a la que nos estamos refiriendo, la observación del espacio incluirá la ubicación de nuestro animal respecto de los otros animales con quienes lo comparte o disputa y frente a los cuales está en permanente estado de alerta y movilización.
2. *Respiración*. Constante y variaciones durante estados generales de vigilancia, reposo, miedo.
3. *Dinamismo*. General y principales movimientos (traslación, ataque, defensa, etc.; movimientos asociados y disociados).
4. *Partes diferenciables*. Movilidad de cada una. Detalle minucioso de cada parte.
5. *Centro motor* y parte desde la que se impulsa para las acciones vitales (correr, saltar, atacar).
6. *Paralelo anatómico con el observador*. Su mano, mi mano; su codo, mi codo. Registrar coincidencias y diferencias fundamentales.

7. *Posturas*. Paralelo anatómico con el observador: determinar si puedo asumir toda su postura o una parte de ella, todo su ser físico o una parte de él, toda su movilidad o la de una o más partes de él. Determinar si podré transformarme en todo o en una parte del animal sin usar anexos de utilería o vestuario. Definir qué partes de mí están de más y podría anularlas.
8. *Reacciones ante estímulos cotidianos*. Reacciones ante un estímulo imprevisto.
9. *Paralelo con el comportamiento humano*. "Humor", "tensión nervomuscular", "relaciones sociales", etcétera.

Ejercicios de aproximación al mimetismo de animales
1. Ubicados en diferentes puntos de una sala, en una postura "x", concientizar la respiración. Animalizar la respiración. Sonorizar la respiración. Desear el espacio; ocupar espacios libres; codiciar espacios libres. Luchar por ocupar y conservar un espacio propio. Pero existe un equilibrio ecológico: no puedo someter ni ser sometido por otro si me defiendo con toda mi energía. No es suficiente "parecerse" a un animal, sino sentirse un animal, asumirse como tal.
Sentir hambre. Animalizar el hambre. Desear comer a otros para saciar el propio hambre y evitar ser comido (prevalece el equilibrio). lo mismo con los demás impulsos vitales.
2. Congelar un movimiento libre. Pensar qué tipo de animal soy de acuerdo con esta postura. Darle movimiento. Volver a congelar. Pensarse como otro tipo de animal.
3. Movilizar una parte de mí y animalizarme a partir de esa parte.
4. Registrar los centros motores principales de cada animal: hombros-oso; muñecas, escápulas-felinos; vientre, piernas-sapos; caderas, brazos-monos.
5. Guiados por el profesor, mimetizar un gusano o una víbora: estoy en el suelo boca abajo, sobre el tronco de un árbol, o sobre la arena caliente... Mi cabeza avanza, mi cuello se estira..., se estira..., se estira hasta mis pies.

Mimetismo de un animal

Como en todo trabajo corporal interpretativo, se parte de la neutralidad energético-expresiva.

Luego, cada uno evocará el animal observado y seguirá su propio ritmo y proceso (similar al mimetismo de personajes), dándose tiempo para asumir cada mutación (me crecen las uñas, crecen mis colmillos, me vuelvo liviano..., me vuelvo pesado, etc.).

Mimetismo de objetos

Además de las características físicas y espaciales para las que seguiremos un proceso similar de observación y mimetismo, el significado social de un objeto depende del uso y valor que las personas le den en una determinada cultura. Por esta razón se justifica, como parte del proceso de mimetismo de objetos, tanto la evocación de su fabricación como la participación de personajes humanos que lo utilicen.

Así, vemos mimetizar los elementos de un baño, de una habitación de dormir, de un teléfono, lo cual es extremadamente útil para el tratamiento del espacio y tiempo subjetivos de los que hablamos antes.

En este último caso, el hecho de que el actor que representa un objeto siga siendo de cualquier manera una persona puede servir para la construcción de interesantes alegorías, como en el caso de "fábrica de pelotas" donde un obrero, enganchándose en la cadena de montaje, queda convertido en una pelota, o en "Hola querido", donde una mujer llama por teléfono y éste se transforma en su amante.

Desarrollo dramático del mimetismo

El mimetismo, como todas las técnicas del mimo, puede ser explotado como mera descripción explicativa o bien utilizado como un recurso para elaborar imágenes metafóricas que posibiliten alegorías de la realidad.

En el primer caso, es decir, cuando se pretende mostrar un mono o un tigre, tendrá pleno sentido el mimetismo perfectamente logrado.

En el segundo caso se requiere una síntesis ulterior de ese mimetismo. Se requiere que el actor sepa captar lo esencial, aquellos detalles que hacen que un animal sea animal, que un tipo de animal sea "ese" tipo de animal, que un personaje sea indiscutiblemente "ese" personaje, pero sin que ello requiera la pintura detallada de todos sus aspectos.

Se trata de una descripción más esencial que, en lugar de distraer o llenar completamente la atención del espectador, simplemente le avisa que está frente a un animal o ante un personaje "x" o a un objeto, y permita mayores posibilidades de juego por parte de estos protagonistas, mayor fluidez y flexibilidad argumental.

"La oficina" y el "eslabón perdido" son ejemplos elocuentes de estas posibilidades. En la primera, todos los personajes de una oficina se van transformando en animales, estableciéndose correspondencias entre ellos tanto en su relación hombre-animal, como en las de hombre-hombre y animal-animal. Una mujer chismosa se convierte en víbora, un cargoso en chimpancé.

En el segundo trabajo, unos animales se disputan una reserva de agua. Un homínido logra apoderarse del pozo cercándolo con barrotes para que ningún otro pueda entrar. Los demás, luchando entre sí y contra él, se van transformando en personas (que mantienen ciertas características correspondientes a su ser animal). Mientras tanto, el mono permanece igual dentro de la jaula que él mismo formó, separándose del proceso evolutivo.

En trabajos de este tipo, hallamos una exigencia de dramatización de la realidad que se trata de simbolizar por medio de la evolución o involución de las relaciones humanas y no por medio de una descripción minuciosa de un determinado personaje o animal.

Por supuesto, la similitud fotográfica con la realidad bien puede deleitarnos, entretenernos y justificarse por sí misma como espectáculo y aun como denuncia, en cuanto espejo de algo que se quiere señalar. No estamos hablando peyorativamente del mimetismo tradicional por el cual se debe pasar, de cualquier modo, para llegar a la síntesis o esquema esencial que proponemos.

El pasaje por los tres estados (objeto-animal-personaje) y la búsqueda de nexos psico-físicos, sociales, asociables o reconocibles como constantes en los tres, constituyen por sí mismos una fuente inagotable de argumentos.

Como ejercicio de entrenamiento es además esencial para el tratamiento del espacio y tiempo subjetivos que hemos propuesto antes y, a su vez, nos prepara para la técnica que consideramos más importante dentro del estudio de personajes: la caracterización.

Caracterización de personajes

El proceso de caracterización es en cierto modo inverso al proceso de autotransfiguración que hemos llamado mimetismo, por el cual comprendíamos al otro transformándonos en él.

Ahora se trata de construir un esquema físico y psíquico acorde con una idea, emoción o argumento, y encontrar el dinamismo, la calidad de sus movimientos y las actitudes que satisfagan esas exigencias de decir algo, o de que sea un determinado personaje el que las diga o encarne.

Para la caracterización de personajes humanos nos valdremos de nuestro gráfico inicial, deduciremos y ajustaremos el personaje, relacionándolo con cada aspecto.

Pers-Fis.: Ser esqueletal, ser muscular, partes localizables, centro motor, dinamismo, etcétera.

Pers-Eg.: Emociones, sensaciones, pensamientos.

Pers-MyP.: Plástica corporal, posturas.

Pers-EspC.: Expansivo, implosivo.

Pers-Int.: Consigo mismo, con el espacio, con los otros.

Pers-ARG.: En qué medida contiene el argumento.

Pers-Cod.: Acciones, gestos, actitudes, manejo de la gramática del mimo.

Pers-Tiem.: ¿Es su realidad actual? ¿Es un recuerdo? ¿Un proyecto?

Pers-Pb.: ¿A quién representa? ¿Y ante quién?

Pers-Pcr.: ¿Hemos explotado todas las alternativas posibles?

Caracterización abstracta

Para la caracterización abstracta, es decir, cuando el personaje mismo es en sí una imagen metafórica de la realidad a representar, es posible crear figuras dinámicas que hemos denominado "máscaras totales".

La idea de producir corporalmente una figura que simbolice, por ejemplo, una actitud constante o modo de ser; como en "ambición", donde el personaje -merced a movimientos asociados de brazos y piernas estiradas y recogidas hacia sí mismo- parece avanzar como codiciando y acaparando para sí todo lo que encuentra.

Capítulo 4 — El entrenamiento del mimo como arte escénico (II)

Este tipo de figuración puede lograrse tanto individual como grupalmente. En "La bella durmiente del patio", cinco actores conforman una boca de bebé. Una boca que se va agrandando mientras su madre prepara lo más rápidamente que puede la mamadera. Esa boca está conformada por las piernas y brazos, curvados y estirados al unísono, y parece no tener límites en sus posibilidades de agrandarse. El efecto de agrandamiento, acompañado por un llanto también creciente, es tan fuerte y lleno de significado simbólico que, aunque no se comiera a su madre y al contrario se achicara en el momento en que ésta llega con el alimento, igualmente estaría todo dicho.

En "Libre", dos mujeres conforman la imagen del poder: una de ellas extremadamente amable y la otra implacablemente agresora, pero ambas indisolublemente pegadas espalda con espalda.

Se puede construir una caracterización abstracta también a partir de una acción reiterada y mecanizada. Así, en "Después de usted", un personaje se cae constantemente, no hace otra cosa que caerse y tropezarse. Otro parece comerse y beberse todo, otro bosteza y actúa como desperezándose.

Más allá del argumento conformado por las acciones que ejecutan y la historia que relata la obra, cada uno de ellos es un tipo humano y, como tal, un argumento, una alegoría del ser humano.

Otro camino posible para lograr una caracterización abstracta es la máscara facial con compromiso postural asociado:

Se construye con el propio rostro una máscara que deberá conservarse intacta durante varios minutos, a pesar de que el personaje se traslade, salte, baile. Ello asegurará que la máscara se encuentra bien consolidada, cocida, esmaltada, petrificada.

Una vez que la máscara se halla definitivamente consolidada, se construye la postura, el dinamismo y demás aspectos de un personaje (acordes con dicha máscara).

Cuando el mimo se "saca" la máscara, se sacará asimismo el personaje, y cuando se le vuelve a colocar se coloca el personaje completo.

La máscara se cuelga en un rincón. Volvemos a ponérnosla. Volvemos a dejarla. Construimos otra máscara-personaje, posiblemente opuesto al anterior.

El ejercicio consiste en transformarse en uno u otro personaje mediante el gesto de colocarse una u otra máscara.

En "Reunión familiar", los personajes llegan a transfigurarse tres o cuatro veces mediante este recurso, como si tuvieran una máscara para cada ocasión.

En "Doble vida", utilizando este mismo recurso, un personaje llega a su casa y se transforma en un padre ejemplar algo dominado por su esposa, mientras al llegar a su oficina se transforma en un tirano.

La transfiguración por máscara facial, la caracterización de máscaras totales individuales y grupales, y la simple caracterización de personajes (humanos), junto con la figuración grupal (estructuras orgánicas e inorgánicas), son ejemplos de nuevos caminos evolutivos dentro de la figuración mímica. Son hallazgos que nos permiten suponer que es mucho más rico y bello en nuestro arte lo que aún falta por descubrir.

Ser público (Pb)

Si un mimo desea representar a alguien y representar ante alguien, se irá identificando con ese último alguien, su público. Pero además, como todo artista, el mimo debe llegar a ser él mismo un espectador.

Ser espectador significa compartir un deslumbramiento y un regocijo inesperado.

Actores y espectadores somos cómplices de una ficción, nos reunimos para producir algo, pero nos desilusionamos cuando eso que finalmente ocurre es exactamente como lo habíamos previsto, cuando nada nos sorprendió, cuando nuestra obra es un cadáver.

¿Cómo entrenarnos para que pueda tener lugar la novedad absoluta y para asombrarnos de ella? ¿Cómo llegar a ser capaces de aplaudir y a sentirnos dichosos de haber participado en la búsqueda de ese tesoro escondido que ninguno antes había visto ni descrito, a pesar de haber hecho todo por encontrarlo? ¿Cómo entrenarnos para volverlo a hallar una y otra vez?

Para convertirnos en actores, debemos antes convertirnos en "espectadores": ser plenamente conscientes de lo que nos ocurre como cultura, como grupo social, como pueblo, siendo parte real de ese pueblo. Tomando conciencia de ese lenguaje, de esas creencias, de esos anhelos, de esas angustias y alegrías. Y porque ser actores no es otra cosa que representar a los otros, el entrenamiento del actor comienza por ser esos otros.

Siendo una identidad consciente es como podremos expresar a los otros al expresarnos a nosotros mismos. Debemos sentir en nosotros los deseos de un pueblo. Y compartir sus necesidades de expresión, de reflexión, de emoción, de entendimiento, de pasión, de sensación y ser co-

Capítulo 4 — El entrenamiento del mimo como arte escénico (II)

autores, co-actores, co-productores, co-directores de todas las iniciativas que tiendan a satisfacer esas necesidades vitales.

Cuando el público nos aplaude se aplaude a sí mismo, se regocija porque ha satisfecho una necesidad propia: quizás la necesidad de reír o de que alguien se ocupe de hacerlo reír o más simplemente de que alguien se ocupe de él, transpire por él. Quizás la necesidad de ver algo que necesitaba ver, aun sin saber previamente con claridad qué era; o la necesidad de que alguien se animara o lograra hacer algo que él no se atrevía a hacer (y que los actores tampoco harían sino por él).

Debemos darnos cuenta de que todos, como sociedad humana, necesitamos el teatro, más allá del rol que ocupemos en su concreción, y cuando ocurre el milagro, cuando la novedad absoluta nos redime por un instante de la mediocridad, sobreviene un éxtasis demasiado fuerte y demasiado fugaz.

Su fugacidad nos recuerda que estamos tan necesitados de admirar como de ser admirados y que, si no hemos sido capaces de regocijarnos ante el inesperado oasis y de beber nosotros mismos de su agua, nos sentimos sedientos esclavos que arrastran toneles de agua fresca; mendigos que cargan un tesoro ajeno.

Prepararnos para actuar es preparar un banquete y también prepararnos para ese banquete, sentirnos dichosos de compartirlo. La obra de arte pertenece a quien logra dejarse enriquecer por ella, por su eterna novedad. El único privilegio del artista es la oportunidad que tiene de ser el mejor espectador de ese misterio.

Notas
1. Conferencia Escuela Latinoamericana, 1988.
2. "La palabra" es empleada en el sentido de encadenamiento lógico, de conceptos explicativos de una cosa, en contraposición con la imagen metafórica, que es implicación y asociación espontánea.

FOTO Nº 36: MIMO CALLEJERO, una señora "se prende" en su juego.

FOTO Nº 37: UN MIMO EN UNA PLAZA, la gente lo rodea creándole el ámbito de silencio y espectación de un teatro.

FOTO Nº 38: EL PUBLICO TREPA UNA ESTRUCTURA Y CONSTRUYE UN SOL CON LOS BASTONES QUE HABIAN SERVIDO COMO LANZAS Y FUSILES. La construcción de ese símbolo de paz con la participación del público fue propuesta por los actores.

Cuando el mimo participa en su trabajo la gente juega, observa, se moviliza.

Capítulo 5

El mimo en la educación

Llamamos educación a un proceso continuo que ocurre en un sujeto educando durante todo el lapso que él decida desempeñar el papel protagónico de su propia historia vital. Y, asimismo, llamamos educación a todas las estrategias didácticas y organizaciones institucionales a través de las cuales una generación adulta intenta ayudar a los más jóvenes a madurar y desarrollar sus potencialidades.

Veamos qué importancia puede llegar a tener el arte del mimo para ese sujeto y en qué medida puede ser utilizado como recurso didáctico en la educación común, formal e informal, en la educación especial, en la educación para la salud, en la educación por el arte.

Mimesis, imitación y creatividad

Decíamos al comienzo de este libro que hubo un gran período "pre-representativo" o pre-teatral, donde, en lugar de una obra ejecutada por un actor para ser vista por el público, encontramos un pueblo ritualizando la caza del bisonte, o la formación de las nubes, la producción del gusano de seda o el origen del mundo.

Ligado a la magia simpática (lo semejante atrae lo semejante), encontramos en estos ritos la mimesis o imitación de lo otro para que ocurra o siga ocurriendo con su fuerza original, la imitación de un animal para comprender y poseer su fuerza original, para participar y dominar la realidad inabarcable.

Tal vez el niño hace algo semejante cuando mimetiza en su habitación lo que le ocurrió en la escuela. Hay una "asimilación de la realidad", es decir, un hacer que las cosas ocurran como a él le convienen, pero hay también una "adecuación" a la realidad, cuando se propone o le proponemos mimetizarla. Para asemejarse a un animal o a un personaje, por ejemplo, debe adecuarse a las características de éstos.

Y, aunque el niño construya un esquema de cada conjunto de objetos imitados, le agregará variantes para caracterizar a cada uno en particular.

La asimilación y la acomodación son constantes que concurren al proceso de adaptación que el ser humano hace respecto del medio en que vive. Este doble esfuerzo de transformar al medio y de adecuarse a él es fundamental para sobrevivir, y el niño lo realiza espontáneamente.

Aprovecharlo para la educación del niño equivaldría, pues, a reforzarlo dándole "permisos" y aun ofreciéndoselos como oportunidades para que logre su proceso de adaptación. Recurrimos al mimo para garantizar la participación creativa del niño en ese proceso natural.

Con la aparición del mimo y del arte como representación, la mimesis pierde aquella fuerza mágica del rito, pero subsiste como imitación.

Dejando ahora a un lado la necesidad que tiene un grupo social de verse reflejado en el actor que lo imita, pensemos en el ejercicio mismo de imitar.

Hay una acomodación del sujeto que quiere ser un determinado personaje, un héroe o alguna cierta versión de sí mismo: debe poner rígidos algunos músculos, relajar otros, conformar una estructura esqueletal diferente a la habitual, asumir una velocidad de movimientos diversa a la cotidiana.

Todo ello es una exploración de sí mismo, una exploración de sus propias posibilidades de ser de varios modos diferentes. Esta actividad le va proporcionando, así, una información de sí mismo que antes no tenía.

Descubrir que yo puedo ser diversos personajes flexibiliza mi autoimagen; me ayuda a descubrir que no soy un ser inmodificable como una piedra; que no estoy determinado a actuar siempre de una misma manera, como una planta o un robot; que no estoy condenado a ciertos hábitos o conductas invariablemente iguales. Es como "des-cubrir"; como investigar y hallar una versión nueva de mí. De alguna manera, me prepara para actuar de varios modos posibles ante un mismo obstáculo, para encarar desde varios puntos de vista diferentes un mismo asunto.

Es decir que, si sabemos aprovechar el impulso a la imitación alentando la imitación de objetos diversos, que representen un desafío y supongan la desestructuración y reestructuración del imitador, estaremos guiando al alumno hacia la creatividad. Mientras que si apuntamos a la imitación "perfecta" o profesional que hace el mimo, estaremos empujando al niño a una especie de sumisión alienante al criterio estético adulto.

En el ámbito del juego, el niño desarrolla su fantasía a través de la asimilación deformante de la realidad. El mimo representa la posibilidad de que también la acomodación sea un juego, una placentera flexibilización de su estructura yoica. Flexibilidad que también es imprescindible para la producción divergente.

El recurso del mimo nos permite así esperar una "adaptación-creativa" o re-creación del medio.

CAPÍTULO 5
El mimo en la educación

Imagen corporal y ubicación espacio-temporal: bases del aprendizaje

Decíamos, en nuestra breve historia sobre el mimo, que el nacimiento del mimo actual representó la ruptura con la pantomima arlequinada que reinó en la tradición del siglo XIX, si bien esta tradición subsiste en nuestros días.

Podríamos destacar tres aspectos de dicha ruptura: la *independización* por parte del mimo moderno de los gestos y ademanes que a modo de señales no eran sino sustitutivos de las palabras; la *localización* de la columna y del tronco como centro de la expresión y la *conformación* de una "gramática" corporal.

Un objetivo del entrenamiento es lograr que nos ocurra en todo el cuerpo lo que nos ocurre en una pequeña zona, como el rostro o las manos.

Cuando estamos enojados se frunce nuestro ceño; cuando estamos nerviosos nos mordemos los labios, frotamos nuestras manos transpiradas. Y todas estas señales no son órdenes de un coreógrafo, nadie nos sugiere detalle por detalle cómo construir la imagen de un ser nervioso; simplemente corporizamos estados internos, modificamos nuestra postura esqueletal, nuestra tonicidad muscular; espontáneamente, y sin proponérnoslo, aquellas emociones, sensaciones o pensamientos, se vuelven visibles ante los otros.

Ahora bien, si por medio de consignas pudiésemos movilizar, localizar y volver "presentes", alertas, a todos y cada uno de los músculos, de nuestros órganos, de nuestros huesos..., si conviviéramos con todas nuestras regiones y rincones, y no sólo con el rostro o con las manos. Si pudiésemos movernos a partir de la columna, del tronco, y así volvernos completamente autopresentes, entonces, en el momento en que evocáramos una determinada emoción, todas nuestras partes concurrirían espontáneamente, se movilizarían, se modificarían en ese preciso momento en que evocamos esa emoción y ésta se volvería visible, mensaje visual (no señal convencional).

Esta expresión pura es como la voz. Bastará articularla; emitirla con la intermitencia justa, utilizando las pausas necesarias, para que sea un lenguaje y una posibilidad de comunicación.

Sería como tener lenguas en todo el cuerpo.

Ahora bien, si esta corporización del pensamiento, de la emoción, de la sensación, es la meta del mimo, esta localización - concientización -

autoconocimiento es evidentemente un principio vertebrador del entrenamiento. Con estos objetivos en su mente, el educador podrá inventar un sinfín de consignas y ejercicios y además valorar los juegos espontáneos que ayuden a alcanzarlos.

En la medida en que nuestras acciones, nuestras actitudes y los gestos que hacemos se parezcan más a lo que queremos hacer (el modo de "decir" es el hacer en el mimo), además de ser buenos mimos seremos más idénticos a nosotros mismos.

Más allá de representar el nacimiento del mimo como arte escénico independiente, este descubrimiento representa la posibilidad de recuperarnos como un todo, incorporar a nuestra idea de hombre los aspectos no lógicos, las sensaciones y emociones no conceptualizables de nosotros mismos, y toda una serie interminable de aspectos o partes de nosotros que esperan ser liberadas; que esperan reunirse con los elementos ya asumidos como "nuestros".

Si antes pudimos advertir la importancia de esa primera flexibilización que produce en nosotros la mimesis, cuánto mayor deberíamos imaginar el aporte que esta nueva "imagen" de nosotros puede hacer en el terreno de la salud, de la educación, de la cultura.

A lo largo de nuestra vida nos hemos estado forjando una imagen a la que llamamos "imagen corporal", y hemos ido adquiriendo una ubicación espacial y temporal. Todo ello merced a un doble proceso de movimientos y de simbolización de esa experiencia motriz, cada vez más ajustada y autoconducida.

Pensar que sobre esa imagen corporal y esa ubicación espacio-temporal se asientan todos los aprendizajes básicos, basta para intuir la importancia que tienen y para comprender por qué debe utilizarse el mimo en la educación, en la misma medida en que contribuye a que cada persona logre esa base fundamental de su desarrollo madurativo.

Pensemos por un momento en la imagen que tenemos de nosotros mismos. ¿Cómo es esa imagen? ¿No es acaso una suerte de fotografía de medio cuerpo tomada de frente? ¿No es acaso una imagen óptica, más o menos estática, que excluye casi todo lo que somos?

No pocas veces llegan a nuestras clases alumnos (adultos) que no distinguen su derecha de su izquierda o que no logran realizar movimientos disociados (los brazos hacia la izquierda, las caderas hacia la derecha). Es muy común que en las clases de acrobacia no logren estirar un pie mientras intentan un rol, una medialuna o una vertical, o cualquier destreza que implique un desacomodamiento de su posición espacial.

Capítulo 5 — El mimo en la educación

Pareciera que hubiésemos vivido sentados frente a un espejo que nos devolvió sólo esa imagen parcial y estática de nosotros mismos.

El entrenamiento físico y técnico del mimo, además de preparar al actor para realizar determinadas figuras y destrezas, le va proporcionando una imagen "cinética" de sí (una imagen de sí que incluye sus movimientos); una imagen completa y global de todas sus partes interrelacionadas e interactuantes; una imagen y una sensación de sí; una memoria de sí (como si se viera a sí mismo completo desde atrás); una imagen o memoria permanentemente actualizada de sí.

Cuando abandonamos por un tiempo el entrenamiento, sentimos que perdemos partes y tendemos a recuperarlas. "Me faltan piernas"; "quiero elongar gemelos"; "necesito reforzar brazos"; "hacemos sentir la columna", son frases por demás elocuentes con las cuales los alumnos –que creen estar en falta con su entrenamiento– evidencian una mayor conciencia de sí, donde cada parte está bien o mal en interrelación con el todo físico-energético-postural-relacional.

Casi no deberíamos llamarla "imagen" de sí, pues se trata de una sensopercepción de sí que abarca incluso nuestras posibilidades actitudinales, nuestros logros psicomotrices. Es un sentirnos, un sabernos. El mimo nos posibilita experimentarnos como integridad dinámica autotransparente; re-unirnos; devenir "uno" mismo. Sentir que en lo que "somos" están incluidos nuestro ser físico, nuestro ser movimientos, nuestro ser energía, y cada aspecto, modo o manifestación, de eso único que somos.

Dejar de vivir como centauros que quieren integrar su animalidad a su racionalidad y ser todos esos modos simultáneos e interdependientes de ser y todas esas manifestaciones de nuestro único existir y co-existir.

Por eso no se trata tanto de producir obras de mimo, sino de dejar que el mimo produzca esta obra en nosotros.

Ahora bien, cuando decimos que sobre la imagen corporal y la ubicación espacio-temporal se asientan los demás aprendizajes básicos, estamos afirmando que sin esta experimentación de sí y su simbolización no sería posible aprender, por ejemplo, a leer y a escribir o a calcular, y que el problema de las disgrafías y discalculias podría comenzar a tratarse antes de que aparezcan en tercero o cuarto grado, desde el Jardín.

Sin una noción de derecha e izquierda o de arriba y abajo, un chico no podrá dibujar la letra efe, con todo lo que este dibujo implica (detener el movimiento, cambiar de dirección, revertir la figura...).

Ese dibujo (de la letra F) implica haber realizado corporalmente una experiencia de subir, bajar, de detenerse y cambiar de dirección, de caminar en línea recta, en círculos y además implica haber simbolizado todas esas experiencias de sí, es decir, haberlas representado (gráficamente en este caso).

Si observamos los dibujos de un niño, vamos a ver cómo, a medida que adquiere nuevas capacidades de autoconducir sus movimientos, va organizando y autoconduciendo sus garabatos y dibujos, y a medida que va progresando en la percepción de sí, va completando su esquema de figura humana; generalmente de la cabeza hacia las extremidades.

El niño se va dibujando a sí mismo, va representando simbólicamente su vivencia de sí mismo, por lo cual el dibujo se convierte en un "indicador" de ella.

Y lo que decimos del dibujo -que el maestro no debe enseñarle a dibujar, sino permitirle dibujarse- vale para el mimo en esa etapa de la educación. Es el niño nuestro maestro: es él quien nos indicará qué hacer consigo mismo para llegar a ser plenamente él mismo. Enseñarle "mimo" (cómo se mima tal cosa...) sería interrumpir un íntimo diálogo del niño consigo mismo, diálogo que el docente puede desear, festejar y permitir, ofreciéndole los más variados juegos de entrenamiento, como le ofrecería una lista de posibles viajes o una caja de tizas, lápices, arcilla, acuarela o una bolsa de llaves para abrir cofres, tesoros o puertas.

En el Capítulo 6 ofreceremos ejercicios específicos para incentivar las capacidades que se requerirán para el aprendizaje de la matemática o de la lecto-escritura, por ejemplo. Pero ellos de ningún modo pueden sustituir el proceso autoformativo en el cual el niño, en un clima de juego y afecto, logre por sí mismo la adaptación creativa al medio al que hicimos referencia antes.

El niño debe jugar a representarse a sí mismo lo que es; lo que puede llegar a ser; lo que son para él las cosas y los seres que pueblan el universo, en la medida en que sienta placer en mimar y de acuerdo con sus propias posibilidades (crecientes) de autoexpresarse, automanifestarse, actuar, comunicarse.

Decíamos que la "obra" está en él mismo. Tanto la imagen de sí como las nociones espacio-temporales donde se asientan en gran medida los demás aprendizajes, se constituyen a partir de la exploración integral.

Algunos autores señalan que la inteligencia misma, en definitiva, nace como correlato entre las conductas motoras y las psíquicas en un proceso de creciente complejidad.

En otras palabras, si queremos que un niño llegue a ser todo lo inteligente que puede llegar a ser, dejémoslo que juegue todo lo que quiera jugar y démosle permiso para que explore corporalmente. El mimo es uno de esos "permisos".

CAPÍTULO 5 — El mimo en la educación

Creación, actuación, simbolización

Ya dijimos que el material que ofrecemos al educando para que juegue es él mismo: una conciencia más completa de sí mismo.

Más que una obra de mimo como un producto estético, acabado, cabría esperar que el niño lograra una conciencia de sí mismo como autor, como creador; tomando como indicadores de este tipo de personalidad operativa la fluidez (cantidad de productos); la flexibilidad (variantes, resoluciones diferentes); y la originalidad (sello propio).

Más que un producto interesa el proceso de concientización, ideación y actuación. En un clima de afecto y de juego creativo, que puede incluir la ideación y la actuación grupales, el niño deberá ir logrando una autorregulación sin pérdida de la autoestima.

El proceso de socialización, objetivo básico de la escolaridad, no debería buscarse en desmedro de la autoestima y de la identidad (coincidencia entre lo que hace y lo que quiere hacer).

Ahora bien, además del entrenamiento y del juego creativo o proceso de creación, el arte del mimo ofrece la posibilidad de la "actuación".

Durante la actuación, el mimo realiza acciones con determinadas actitudes y gestos; utiliza diferentes calidades de movimientos; así como detenciones o pausas, para que las ideas o emociones que corporiza sean vistas, leídas o interpretadas por otros.

La actuación puede representar un momento de síntesis de todo el trabajo previo. Lograr hacer una mímica implica haber descartado muchas ideas brillantes, pero imposibles, y haber ideado otras posibles, equilibrando la creatividad con el pragmatismo.

La actuación significa asimismo automanifestarse aparecer ante el mundo y decirle "aquí estoy, ¿no me habían visto?", y saberse bienvenido, aplaudido, aceptado, existente.

Es también la oportunidad de comunicar algo y cotejar mi autoimagen con la imagen que los otros me dicen que doy. Es la experiencia de despertar en los otros diferentes interpretaciones y puntos de vista sobre el mundo que describo, y conocerlas.

Teniendo la excusa de interpretar, el espectador a su vez proyecta algunos de los significados posibles de la interpretación teatral, y se atreve a entender algo de sí mismo.

La creación, la actuación y la interpretación son, pues, en su conjunto, una oportunidad de simbolizar y descifrar, a partir de símbolos, el yo y el mundo.

Ya dijimos que es en la representación simbólica donde el sujeto educado integrará y organizará la experiencia motora internalizada. Cabe entonces considerar que, junto con la expresión oral y la expresión gráfica, tan suficientemente estudiadas, puede utilizarse la representación mímica como elemento organizador, tanto para el que actúa o representa, como para el que observa e "interpreta", proyectando significados a lo que otro hace.

El mimo y la palabra

Quizás exista un paralelo posible entre las etapas históricas del arte del mimo y las etapas evolutivas de la mente de un sujeto.

De hecho, así como este arte debió pasar por diversas etapas y períodos para llegar a un lenguaje corporal que nos permitiera representar metafóricamente la realidad; y así como la acción mímica no suple la imaginación del espectador sino que la supone, así también quien se dirige a otro con metáforas supone en el otro un grado evolutivo suficiente como para que descifre la realidad implicada.

Si en los niños, al igual que en los sordomudos, debemos suponer un pensamiento "concreto", podemos esperar que disfruten de la descripción mimética más que de la simbolización abstracta o alegórica para la que nació este arte.

El mimo, en cuanto arte escénico adulto, pertenece al mismo grado de abstracción que la poesía, supone el mismo nivel de desarrollo evolutivo que posibilita esa utilización de las palabras. No es anterior a la palabra ni nació para suplirla, es decir, para traducir en gestos lo que podría decirse con palabras. Esto equivaldría a pronunciar en un idioma, pero pensar en otro.

Para acceder al lenguaje del mimo profesional, además de haber alcanzado el nivel de las operaciones formales (a partir de los 15 años en un sujeto normal), es preciso alcanzar el idioma del cuerpo. Sólo entonces podremos poseer el arte del mimo y expresar aspectos de la realidad humana, algunos de los cuales quizás sólo sean representables desde este lenguaje.

"Diciéndolos" (corporalmente), el sujeto recuperará esos aspectos de sí mismo; completará su idea de sí mismo; su sensación de sí mismo y será más plenamente él, más autotransparente. Podrá contarse cosas que le ocurren y que no pueden contarse en términos lógicos.

Capítulo 5   El mimo en la educación

Porque así como nos fue necesario decirnos racionales para ser racionales, así necesitamos decirnos otras dimensiones de nosotros para asumirlas y para ser esas dimensiones.

Ahora bien, si un hombre que tiene un solo brazo puede recuperar el otro y tener dos brazos, no debe preguntarse cuál de los dos es el más importante, debe asumir la nueva armonía resultante. Porque al recuperar el segundo también cambiará el valor del primero.

Así, el vivenciarnos como una unidad orgánica autotransparente, el llegar a re-unirnos y a sentir que en lo que "somos" están incluidos nuestro ser físico, nuestro ser movimientos, nuestro ser energía y cada aspecto, modo o manifestación de eso único que somos, al llegar a ser enteramente "uno" mismo, también la palabra adquirirá su dimensión verdadera, y seguirá siendo una parte insustituible del todo.

Lo importante es llegar a ser esa integralidad. No podemos valorar cada parte separada de la otra.

Es imprescindible que maestros y alumnos comiencen a utilizar el lenguaje corporal si quieren valorar otros aspectos importantes de sí mismos, especialmente en la edad en que los alumnos pueden representar alegóricamente sus experiencias: Pero para que ello ocurra es preciso comenzar a hacerlo desde que ingresan al sistema, en la etapa pre-primaria, y continuar esa práctica ininterrumpidamente.

Tanto en la historia del mimo como en la historia general, los períodos no son como las etapas de esos cohetes espaciales que van expulsando sus partes quemadas a medida que las van utilizando para impulsar sus cabezas. Son más bien como el crecimiento continuo de un árbol cuyas flores se siguen alimentando de sus raíces.

Nuestra irrupción cotidiana en el mundo y nuestra trayectoria histórica se parecen a ese diseño que vemos al cortar el tronco de un árbol. En esos círculos concéntricos vemos que la vida de ese árbol fue un crecimiento continuo en ampliación abarcativa, donde lo viejo creció gracias al empuje de lo nuevo y donde lo nuevo surgió como ruptura de algo previo –algo sin lo cual no hubiera podido nacer– y forma con él una sola entidad viviente, conviviente.

Cuerpo, pensamiento y creatividad

Las cosas que no logramos entender no nos resultarían tan inaccesibles si pudiésemos mimetizarnos con ellas. Si tuviésemos la flexibilidad suficiente como para "hacernos" esas cosas. Si en lugar de pretender hacerlas encajar en nuestros casilleros pudiésemos, siquiera provisoriamente, aceptar un desmoronamiento de nuestra estructura yoica y nos permitiéramos ubicarnos desde otro lugar, desde otro punto de vista. Ser por un momento otra versión de nosotros, otro personaje, otra estructura.

Pero si esto nos ocurre con las cosas de las que ya tenemos noticia, mucho más con las cosas que queremos crear.

Gran parte del secreto del creativo; del que logra nuevas versiones de lo conocido, y re-ordena de un modo original los elementos que posee; está en su capacidad de soportar el desorden; el desamparo transitorio del caos de lo inusual y de lo no-habitual.

Si no fluyen de nosotros nuevas ideas es porque no las dejamos descansar desordenadas y porque no les permitimos emerger de un modo imprevisto, porque no soportamos la sorpresa.

Sólo luego de flexibilizar nuestra imagen de nosotros, nuestra memoria de nosotros; sólo luego de recordarnos de muchos modos diferentes y de asumirnos como seres capaces de actuar de maneras diversas; sólo entonces seremos "actores", o sea, capaces de caracterizar diversos personajes.

Si todas nuestras alegrías son corporizadas por nosotros de una sola manera; si tenemos una sola manera actitudinal de entristecernos; si poseemos un solo gesto de asustarnos; de imponernos, terminaremos por conocer una sola alegría, una sola tristeza, un solo gusto, y creeremos que hay una sola decisión correcta. Es decir, que nos privaremos del noventa y nueve por ciento de las vivencias posibles.

Un cuerpo rígido, monótono, es el indicador de una vida monótona, semejante al no-vivir y de un pensamiento reiterativo, parecido al no pensar.

Liberarme corporalmente no significa destapar mi piel sino descubrir que puedo sentir, emocionarme, moverme, adquirir posturas, tonicidades musculares, descubrir y convivir con sensaciones, emociones e ideas que jamás creí tener.

Es habitar regiones mías hasta ahora abandonadas.

Es encontrar cosas incomprensibles, inaccesibles e intraducibles al restringido código de los conceptos y leyes de la lógica, a ese habitual rompecabezas de palabras que componen mi actual cosmovisión.

Si queremos entender todo lo que somos y ser plenamente nosotros mismos, debemos estar dispuestos a no entendernos a priori (antes de vivenciarnos corporalmente) y a no pretender conceptualizarnos luego, o explicarnos con las palabras actuales; pues no fueron inventadas para abarcarnos como totalidad autotransparente, sino para percibirnos como centauros (mitad racionales, mitad animales).

CAPÍTULO 5 — El mimo en la educación

Tal vez sólo alegóricamente, a través de imágenes metafóricas, podremos aplicar nuestra nueva conciencia de nosotros (si es que sentimos la necesidad de hacerlo).

Ser artistas será nuestra cotidiana normalidad. Haremos de nuestra propia vida una obra de arte.

Cada día una impredecible sorpresa, cada encuentro un posible juego, cada dificultad una investigación, cada sorpresa un descanso, cada error una pista, cada rutina una transgresión, cada contradicción un hallazgo.

Cuando las disciplinas corporales dejen de ser una rareza de pocos o una locura de algunos grupos marginales; cuando la sociedad entera deje de estar marginada de esta posibilidad de autoconocimiento, autoexpresión y comunicación que brinda el mimo; entonces el ser creativos será un derecho adquirido y no una rareza de pocos.

Ser creativos dejará de ser una capacidad particular de algunas personas, porque cada persona desarrollará su particular capacidad de ser creativa.

Capítulo 6

El mimo y la planificación de estrategias didácticas

No se trata de implementar una asignatura llamada "mimo", ni de consultar a los educandos si quieren ser mimos. Se trata, en general, de brindar a todas las personas la oportunidad de participar en un proceso de creación y de ser todo lo creativos que puedan llegar a ser.

Se trata, en particular, de llegar a aprovechar aspectos del entrenamiento y de la técnica de un arte que logra el autoconocimiento, la autoexpresión y la comunicación, a partir de lo que uno ya es y ya tiene.

El arte del mimo logra hacernos conscientes de nuestro ser físico, de nuestro ser energía, y ser movimientos y posturas; nos hace saber que somos nuestros gestos, nuestras actitudes y nuestras acciones. Que somos nuestros pensamientos, nuestras sensaciones y emociones corporizadas en aquellas. Y así logra la plenitud de nosotros mismos.

El encuentro con los diferentes aspectos del entrenamiento y con el aprendizaje de diversas técnicas del arte del mimo deberá ser un encuentro con algo que responda a una necesidad y con la placentera experiencia de su satisfacción.

La actividad educativa es primero una actividad placentera, que uno lleva a cabo por sí mismo, y luego una actividad que permite alcanzar un objetivo educativo.

Es interesante la investigación que hace Jean Piaget con referencia a la evolución hacia la conducta inteligente. Este autor considera dicha evolución como una "construcción" en la que el niño no puede dejar de participar como principal protagonista.

Ahora bien, tanto los estudios sobre la percepción del mundo del niño, sobre la gradual complejidad de su conducta inteligente y sobre el significado de sus juegos, como los que se refieren a las características del dibujo en sus sucesivas etapas evolutivas, han tomado en cuenta lo que sucede en un sujeto que no ha recibido estímulo específico por medio del mimo o de un arte basado en la expresión y el lenguaje corporal.

Apenas nos estamos dando cuenta de los cambios en la calidad de los aprendizajes a partir de una didáctica que alienta la creatividad y de la planificación vertebrada en torno de la psicomotricidad.

No sabemos casi nada de la ayuda que pueda brindar el mimo alineado con las demás expresiones artísticas, con los demás aprendizajes, con los juegos creativos y con los criterios de psicomotricidad con que se ha ido renovando el currículo.

Quizás las consideraciones precedentes nos ayudaron a intuir dicha ayuda.

Hemos tratado de dilucidar qué aporta la mimesis al proceso de adaptación del sujeto al medio; cuál es la importancia de la imagen corporal y de la ubicación espacio-temporal en los aprendizajes básicos y cuál es la contribución del mimo a la construcción de esa imagen de sí.

Hemos tratado de explicar en qué sentido la imitación puede ser aprovechada como camino hacia la creatividad y cuáles son los indicadores de una producción creativa. También que no debe perseguirse un producto perfecto, sino un proceso creativo en el niño.

Y finalmente hemos considerado la relación entre la creatividad y el pensamiento autónomo con la actividad corporal.

Ofreceremos ahora algunos ejemplos de ejercicios que pueden ser instrumentados a partir del nivel pre-escolar para reforzar la imagen de sí, la literalidad, la ubicación espacio-temporal. Luego presentaremos otros, preparatorios para la matemática y la lecto-escritura, y finalmente los que ayudan al autoconocimiento y la autoestima, a la conciencia de sí y de la inserción en el mundo.

Por tratarse de una instrumentación tan específica, deben ser complementados con momentos de libre expresión e improvisación, así como con todos los demás ejemplos de entrenamiento (sensopercepción, técnicas de actuación, etc.) que se hallan en el capítulo tres de este libro.

Los "intereses", la madurez para, las "posibilidades de", y nuestra imaginación para adaptar una consigna a nuestro contexto, son la fuente de donde extraer la manera correcta de encarar el mimo en cada etapa de la vida de una persona concreta.

Éstos son sólo algunos de los tantos ejemplos de aplicación, y existen al menos tres razones por las cuales no deben ser tomados como "la receta" acerca de cómo aplicar el mimo en la escuela.

1. Cada región geográfica, cada distrito escolar, cada escuela, cada grupo que conforma una sección o grado y cada niño, es un mundo único y diferente y no existen aún suficientes experiencias –en un terreno que a la vez resulta poco mensurable científicamente– como para saber cómo se expresa "el niño" a través del mimo en cada edad. Éste es el objetivo de una investigación que hemos comenzado y que no estamos en condiciones de publicar todavía.
2. Nuestra experiencia nos indica que el mayor beneficio que puede brindarse a un niño es el de ofrecerle una posibilidad más de juego en ese marco de afectividad en el que se va autoconociendo y autoexplorando espontáneamente. Por eso se sugiere ofrecerle el mi-

| **Capítulo 6** | El mimo y la planificación de estrategias didácticas |

mo como se le ofrecen otros materiales para que pinte, construya, transforme, comparta, se divierta. Un criterio "conductista" bien podría alterar perjudicialmente ese clima dentro del cual el niño es más bien nuestro maestro, de quien debemos aprender para qué sirve el mimo y cómo puede ser utilizado.

3. Los ejercicios que presentamos aquí fueron "deducidos" de los estudios teóricos, los cuales nos permiten saber qué necesitará el niño para asimilar el aprendizaje de la matemática y de la lecto-escritura y demás aprendizajes básicos, así como conocer los niveles evolutivos de su inteligencia en cada edad, según una aproximación estadística. Pero poco nos informan (siempre será poco) acerca de otros elementos inconscientes, emotivos, circunstanciales, afectivos, que interjuegan en los procesos de maduración hacia esas capacidades requeridas y que nada nos dicen sobre el aporte de los materiales mismos (en nuestro caso la experimentación de movimientos, posturas, etc.) en el proceso de creación de una "obra concreta", ni de todo este hacer-sentir-rehacer, en su proceso de maduración personal.

Por todo ello, creemos que no está de más recordar que una sana intención de mejorar el currículo de una institución debe apoyarse en el respeto al niño como principal y más genuina fuente de información de sí mismo y en el rol docente como guía de sus aprendizajes significativos.

Y recordar que nuestra propia experiencia (de adultos) como mimos –en la que ya advertimos cómo repercute de modo diverso una misma consigna en cada miembro del grupo y en diferentes momentos de nuestra vida, según nuestros estados de ánimo o circunstancias– será a su vez diferente de la experiencia que puede vivir cada niño al encontrarse con el arte del mimo. Una experiencia desconocida de la que, sin embargo, no podemos privarlo.

Reconocimiento e Identificación consigo mismo

Autoconocimiento directo
- Inflarse (como un globo) y desinflarse (respiración).
- Recogerse (como escondidos, acurrucados...) y desplegarse (aparecer de golpe, "¡piedra libre!").

- Amasarse unos a otros como arcillas (construir con el otro una estatua). Escuchar la respiración y el corazón del otro apoyando el oído en su pecho y espalda.
- Sentir frío y frotarse (para calentarse) cada partecita de sí mismo (calentarse la nariz, la frente, los pómulos, el cuello), dentro de una historia que lo justifique (por ejemplo, viaje al Polo Sur).
- A partir de motivaciones ser lo más pesados posible, lo más livianos posible, lo más altos posible, lo más pequeños posible, lo más gordo posible, lo más flacos posible.
- Desparramarse en el suelo apoyando la mayor cantidad de partes; elevarse apoyando la menor cantidad (equilibrios).
- Ser cada vez más blandos (de goma, de dulce de leche). Desparramarse (como aceite). Luego ser cada vez más duros (robots) dentro de una historia que lo justifique.
- Actividad de cierre: representación gráfica de sí. Acostados en el suelo, dibujarse unos a otros el contorno con tiza.
- Observar el propio tamaño. Lo mismo en vertical sobre una pared-pizarrón. Lo mismo sobre un papel y recortar. Hacer dos moldes, pegarles los bordes y rellenar hasta darles volumen. Pintar el muñeco, pintar la propia imagen de adelante y de atrás, observando el "modelo" en un espejo.

Exploración indirecta

- Somos una semilla (recogidos) que se convierte en un árbol (desplegados). Somos un árbol que se convierte en canoa (hueca, flota), que transporta mucha gente (contener, sostener, lleno), la gente se baja (vacío).
- Somos un papel que se arruga y se estira, se pliega y se despliega, envuelve un regalo, se revuelca empujado por el viento.
- Acostados sobre la espalda, recogerse como una bolita. Hamacarse sintiendo la espalda. Rodar como una pelota.
- Somos los objetos de una casa.
- Somos como Fulano (gordo), como Mengano (flaco) y personajes de un evento o narración.
- Somos los animales de una selva (decir quién soy y hacerlo). Elección libre. Luego sugerir los que falten para completar todos los tipos físicos de animales: víbora, gusano, elefante, canguro, etcétera.

Control consciente del movimiento global y exploración de posibilidades de segmentación

- Seguimos la trayectoria y velocidad de un globo con un brazo. Con los dos. Con la cabeza, tronco, con todo el ser físico.
- De dos en dos: ser uno el espejo del otro.
- Estamos jugando en una plaza y ante la señal nos quedamos congelados como estatuas (ante otra señal, seguimos y ante una nueva señal congelamos... Así varias veces). Un grupo A queda congelado. Un grupo B debe imitar esas estatuas; cuando logra imitarlas exactamente, éstas quedan liberadas.
- Respirar como si fuéramos ranas (ritmo-estómago), perros cansados (ritmo-lengua), hipopótamos (espaciado-entero).
- Desde movimientos de caderas nos transformamos en monos; desde las piernas nos transformamos en ranas, canguros; desde los hombros en osos; desde las muñecas y escápulas, en leones.
- Caminar como si fuéramos elefantes, cisnes, gatos, perros cansados, perros asustados, elefantes apurados, gatos dormilones.
- Soy duro, me acuesto y se van ablandando una por una todas mis partes: cabeza blanda, cuello blando, tronco, brazos y piernas blandos.
- Soy un muñeco de trapo en el suelo. Me levantan con hilos (imaginarios) de las muñecas, de los codos, de los tobillos, rodillas, articulación por articulación y luego de varias articulaciones a la vez.
- Me levantan tirándome del hilo de la cabeza. Salticar colgando de ese hilo, colgando de la nuca, colgando del cuello (atrás), colgando de la espalda.
- Camino sin hacer ruido (para que no se despierte el cuidador); me agacho para que no me vean; me estiro para alcanzar una fruta del árbol, salgo corriendo y me escondo detrás de unos matorrales para comerla.
- Corro para salir de un laberinto (trazado previamente en el suelo) sin pasarme de las líneas (frenar, doblar, acelerar, desacelerar, etc.).
- Actividad de cierre: representar una historia ejercitando (justificadamente) todas las posibilidades de tensión, distensión, equilibrio, mimetismos y dinamismos explorados.

Reconocimiento y ubicación espacial

Espacio global
- Con los ojos cerrados tantear el lugar. Escuchar sonidos cada vez más lejanos y pegar los oídos a vidrios y paredes.
- Corriendo (o saltando o gateando) ocupar todo el espacio (ocupar los lugares libres).
- Llenar el espacio inflándolo (soplándolo, perfumándolo); gritando (nuestros nombres, provocando sonidos de la calle); pintándolo y ubicando muebles (imaginarios) o llenándolo de agua; vaciarlo (extrayendo los muebles, borrando los dibujos, desagotando el agua).
- Recorrer el espacio, estando atentos a las cosas raras que ocurren (por ejemplo, entramos en un castillo, llueve adentro, entra un viento huracanado, Los propios participantes proponen lo que ocurre).
- Adivinar cómo está el salón. Un actor actúa con una consigna secreta (está lleno de muebles, está frío, está oscuro y vacío).

Segmentación
- Delimitar (o reconocer) zonas, rincones, subespacios. Entrar y salir de ellos (saltar adentro, saltar afuera, equilibrios por el borde) a partir de una historia (justificadamente).
- Imaginar estructuras (cavernas, puentes) ayudados por objetos del lugar y explorar los subespacios subiendo, bajando (arriba-abajo), pasando por detrás y por delante de ellos. Luego retirar los objetos reales y hacer el recorrido evocándolos.
- Realizar pequeñas representaciones en torno a objetos. Realizar acciones utilizando objetos. Considerar a un objeto como "mi amigo" y compartir con él una aventura (el objeto se enferma, tiene frío, se cura, lo llevo a jugar). Realizar alguna acción evocando el objeto (peso, tamaño, extensión). Juntar y separar objetos para lograr ámbitos de representación (escenografías).
- Representar un rincón de la casa en otro rincón, corporizando los muebles que hay en el primero (algunos actúan como muebles y otros como personajes).
- Representar en un espacio escénico otro lugar que hayamos recorrido antes: mi casa, el zoológico, un bosque, la calle. Verificar curvas, quebradas, rectas representando arriba, abajo, lleno, vacío, adentro, afuera (justificadamente). Los que observan deben adivinar de qué lugar se trata.

- Representar animales dentro de jaulas, que luego se escapan (los que observan deben adivinar cuándo están afuera).
- Representar que estoy debajo de una mesa y luego arriba; debajo de... y arriba de... (los que observan deben adivinar cuándo estoy arriba y cuándo abajo).

Ubicación temporal

Sucesión

- Mimar las acciones que hacemos al despertar: levantarnos, lavarnos, desayunar (los que observan deben decirnos si fueron hechas en la sucesión correcta).
- Recorrer una trayectoria con acciones y objetos en el siguiente orden: primero estar en A acurrucados y tomar un chupete. Después gatear hasta B; allí dejar el chupete y tomar el juguete. Caminar hasta C; allí dejar el juguete, ponerse una corbata o tomar una cartera y correr hasta D. Luego tomar un bastón y caminar como viejito desde D hasta E.
- Ser nubes. Caer como lluvia. Ser un mar (olas). Evaporarse (ser nubes). Cada sub-grupo comienza en un punto diferente del proceso para que estén siempre todos los elementos.

Duración

- Recorrer una distancia como si fuéramos globos; como si fuéramos una pelota; como si fuéramos una tortuga; como si fuéramos una avestruz.
- Vestirse (imaginariamente) con pereza; con apuro, etcétera. Dos o más se visten al mismo tiempo con distintas motivaciones que hacen que unos tarden más y otros tarden menos.

Ritmo

- Caminar con el ritmo de un elefante cansado; de una gallina asustada (marcar el ritmo con elemento sonoro).
- Escuchar un ritmo y luego imitar un animal que se ajuste a ese ritmo.
- Caminar según el ritmo con que lo hacen mi mamá, mi papá, mi abuelo. (No marcar otro ritmo.)
- Respirar con el ritmo de mi perro; de una persona durmiendo.

- Actividad de cierre: mimar una trayectoria (sucesión) en la que cada fase dure diferentes lapsos (duración) y el personaje deba movilizarse en distintos ritmos (ritmo).

Preparación al aprendizaje de la matemática y la lecto-escritura. Estructuración general del espacio y del tiempo

Línea cerrada

- Determinar, en distintos puntos de una sala, dónde "está" la casa, la verdulería, la lechería, la carnicería, el almacén. Cada participante debe salir de su casa, ir a hacer las compras y volver a casa. (Marcar en un mapa el recorrido efectuado en línea cerrada.)
- Con objetos o personas determinar un bosque. Un lobo sale de su cueva, recorre el bosque y regresa a su cueva, sin pasar dos veces por el mismo lugar. Un cazador sale de su cabaña, sigue las huellas del lobo, lo caza en su cueva y lo lleva a su cabaña. El lobo fue dejando en su trayectoria papelitos negros. El cazador fue dejando papelitos blancos. Entre todos, tomados de las manos, formar el recorrido completo de uno y luego del otro. En un mapa del bosque dibujar ambos recorridos con colores diferentes.
- Con "barra circular" (ver cap. II) representar personas que se asoman y recorrer un balcón circular (Torre de Pisa).

Línea abierta

- Determinar la entrada y salida de un supermercado. Un actor representa a una persona que hace compras. Todos deben registrar el camino que hace: desde que entra por un lado y sale por otro costado. Luego de uno en uno, realizar ese mismo recorrido con distintas motivaciones (cansado, apurado, borracho, robando). Luego, entre todos, ubicarse como esculturas que recuerden el recorrido. En un mapa del supermercado trazar el recorrido (línea abierta).

Línea abierta y cerrada

- Trazar en el suelo, a ambos extremos de un salón, dos líneas cerradas (corrales) y por todas partes, líneas abiertas (corrales abiertos). Dividirse en dos grupos. Cada grupo tiene una reserva de pasto (trapos) en uno de los cercos cerrados de su lado, tres "pastores" y un

grupo de "ovejas". Al sonar un silbato, las ovejas salen a buscar comida (caminando en cuatro patas y recogiendo el pasto con la boca para traerlo a su territorio). Los pastores pueden formar barreras (tomándose de las manos) para que las ovejas ajenas no entren a su territorio. Las ovejas no pueden saltar esas barreras, pero sí pueden pasar por encima de los cercos abiertos y cerrados dibujados en el piso. Al sonar un nuevo silbato, todos deben quedarse congelados (durante cinco segundos).
Ahora los cercos de tiza se vuelven infranqueables. Las ovejas sólo pueden salir de ellos si están abiertos. Los pastores pueden cerrar un corral abierto con una barrera humana.
Las ovejas capturadas en los corrales son llevadas hasta los corrales cerrados que están a los extremos y pertenecen a quienes las capturaron.
- Formar con actores corrales que puedan abrirse y cerrarse. Algunos representan pastores que encierran ovejas (otros actores) en un corral (formado por actores) y se olvidan de cerrar la puerta. Entonces las ovejas se escapan y deben ser capturadas y encerradas nuevamente.

Ubicación general en el espacio

- Consigna: cuando yo diga "arriba", nos ponemos de pie. Cuando diga "abajo", nos tiramos al suelo. Pero deben hacer lo que yo "diga" y no lo que yo haga. Luego de dos o tres veces, hacer lo contrario de lo que se dice. Los que pierden más de dos veces quedan eliminados.
- Formar entre todos los participantes una fila o hilera. Trazar con una tiza esa línea en el suelo y dispersarse. El animador se coloca en unos de los extremos de esta línea divisoria, frente a los participantes. Desde esa ubicación da la siguiente consigna: cuando yo diga "izquierda", todos tendrán que pasarse a ese lado (su derecha) y cuando diga "derecha", de este otro. Pero deben hacer lo que yo digo y no lo que yo hago.
Durante dos o tres veces hará lo que dice (corriéndose hacia el lado correcto). Luego dirá "izquierda" y se tirará hacia la derecha, o viceversa. Los que se equivocan más de dos veces pierden.
- Volver a formar la fila original y hacerla girar sobre la persona que está en el centro, hasta colocar a la gente en una línea que corte perpendicularmente a la anterior. Al trazar la línea con tiza, el suelo quedará ahora dividido en cuatro subespacios iguales. El animador,

ubicándose en el mismo lugar que antes, lanzará la siguiente consigna: cuando yo diga "adelante" deberán colocarse adelante de ella (mismo sistema).
- Combinar: adelante, atrás, derecha, izquierda.
- Formar la fila sobre la línea original. Colocar una tiza en cada extremo y hacer girar al grupo sobre su centro (en la misma forma que antes), dibujando en este caso un círculo. Nueva consigna: "adentro" y "afuera" (del círculo). Combinar: adelante, atrás, arriba, abajo, derecha, izquierda.
- Complejizar: "adelante-abajo", "derecha-arriba", etcétera.

Ubicación específica – Debajo-arriba; delante-detrás
- Formar carros de guerra: con dos caballos (en cuatro patas) y un jinete arriba de ellos, con un pie en cada espalda. Los carros deben cumplir un recorrido preestablecido en el menor tiempo posible. Cada vez que un jinete pierde estabilidad, pasa a ser caballo y el caballo pasa a ser jinete.
- Formar, entre dos o más personas, figuras de animales o cosas representando unos la parte de arriba y otros la parte de abajo. Utilizarlas en una historia.
- Idem: parte de adelante y de atrás (locomotora-vagones; cabeza-cola, etc.).
- Representar un viaje en colectivo subiendo por delante y bajando por atrás.
- Representar la escalada a una montaña. Subir y bajar en ascensor, en escalera, etcétera. Estar delante de una pared y esconderse detrás de ella por algún motivo. Asomarse por encima para espiar.
- Representar una consigna secreta: "estoy arriba de una montaña", "estoy debajo de una cama", "me cuelgo detrás de un camión" (los observadores deben adivinar su posición espacial).

Derecha-izquierda
- El espejo: sigue con la izquierda lo que el personaje hace con la derecha y viceversa. Representar frente a otros un pájaro al que le hieren un ala, una pata o un costado. Los que observan deben decir qué ala o flanco es (izquierdo o derecho).
- Carreras de tortugas ciegas. Éstas deben recorrer un laberinto (de líneas en el suelo) con los ojos vendados y sin salirse del camino. Los apostadores las guían diciéndoles "derecha" o "izquierda" (si dicen otra palabra pierden) y las tortugas deben avanzar siempre.

> CAPÍTULO 6 — El mimo y la planificación de estrategias didácticas

- Asomarse lateralmente por ambos extremos de un muro. Salir de un ascensor, girar a la derecha, pasar una puerta y girar a la izquierda, justificadamente.

Adentro-afuera

- Representar un grupo de aventureros que están dentro de una cabaña y salen a caminar. Un fuerte viento u otro motivo los obliga a volver, pero no pueden entrar porque la nieve ha tapado las puertas y ventanas.
- Un grupo de prisioneros están encerrados en una casa. Se escapan por distintos lugares (ventanas, puerta, túnel).

Grande-pequeño

- Representar un ser muy grande y luego uno muy pequeño por medio de la relación que ambos tengan con un mismo objeto (por ejemplo: ¿cómo sería esta silla si yo fuera una hormiga?: grande. ¿Y si yo fuera un elefante?: pequeña).
- Dándoles diferentes usos (insólitos) a un objeto, determinar su "tamaño" (o considerarlo parte de un objeto mayor).
- Tener una consigna secreta: "soy una hormiguita", "soy un elefante" (los demás deben adivinar mi tamaño).

Figura-fondo

- Diferenciar, en un "espacio escénico" frontal, un primer plano frontal, en el que actuarán las "figuras" y un tercer plano, fondo del escenario, en el que actuarán los del "fondo". Los primeros pueden retroceder hasta el medio y los del fondo avanzar hasta el medio. Ambos grupos de actores actuarán simultáneamente, representando tres acciones diferentes cada uno, bien diferenciadas unas de otras y sucesivas en el tiempo en forma lineal (no reiterar la primera cuando comenzó la segunda).
Los espectadores deben poder decir:
  – qué hicieron las figuras y qué hicieron los del fondo;
  – qué hacían los del fondo mientras las figuras hacían tal cosa.
- Seguir un ritmo principal subiendo y bajando (piernas) y un ritmo secundario saludando (brazos).

Antes de y después de

- Representar una historia con un recorrido preciso, formando líneas abiertas y cerradas, estando adentro de, afuera de, arriba de, etcétera.

Indicar dicho recorrido en un plano del lugar. Todos los movimientos espaciales deberán estar "justificados" dramáticamente (por ejemplo: se esconden adentro de una cabaña "porque se puso a llover"). Todas las consignas serán dadas de una vez, expresando con claridad qué es lo que ocurrirá "antes" y qué ocurrirá "después".
El total de participantes será dividido en dos grupos con una historia diferente para cada uno, de manera que luego de que un grupo terminó de actuar, el otro grupo debe relatar la historia representada, recordando la sucesión temporal exacta (puntajes diferentes por actuación y por relato de la historia del otro).

Representación espacial del tiempo
- Dibujar la trayectoria de la obra representada (flechas), trazando líneas más largas cuando se supone que recorrieron más distancias y pintando con colores más fuertes las acciones que demandaron más tiempo (armado de la carpa, construcción de un bote, etc.).

Complejización – movimientos asociados
- Cerrarse como un bicho bolita y abrirse. Meterse adentro como un caracol y luego salir, abrirse, desperezarse al sol. Inflarse como un globo y desinflarse.
- Hacer el gesto de "pase usted", utilizando el brazo y la pierna izquierdos, luego el brazo y la pierna derechos. Recogerme sobre una pierna con ambos brazos, la otra pierna y la cabeza (¡saque ese perro!), abrirme totalmente con brazos, pierna, cabeza, pecho inflado (¡quién le tiene miedo!). Repetir alternadamente ambas actitudes.
- Acurrucarse (esconderse) y saltar (aparecer de sorpresa).
- Combinar en un recorrido temporal: antes... después...

Movimientos disociados (dos movimientos simples en direcciones opuestas)
- Ejemplo de movimientos simples: bajo y vuelvo a subir; subo mis manos y las bajo.
- Disociación: "cuando subo las manos, bajo"; "cuando subo, bajo las manos".
  Aplicación: asomarse por encima de un muro y volverse a esconder.
- Corro ambas manos (a la altura del pecho) hacia la izquierda, mientras me asomo a la derecha.

- Tiro una mano hacia atrás mientras avanzo con el pecho hacia adelante (acción de entrar en un cuarto, trasponer una puerta, etc.).
- Llevo ambas manos (altura caderas) hacia la derecha, al mismo tiempo que llevo caderas hacia la izquierda. (Acción de tirar de una cuerda que está trabada.)
- Inventar otros movimientos disociados y representar acciones con ellos: ponerse una media, pies hacia delante, manos hacia atrás; subir una escalera; mano que baja hacia atrás, cabeza que sube hacia adelante.

Ordenamiento temporal de secuencias

- Representar una historia como sucesión de "esculturas" (apagando la luz cuando los personajes deben pasar de una a otra; los personajes se quedan estáticos cuando se prende la luz).

Luego exponer esas esculturas (con varios actores), pero mezcladas. Los espectadores deben ordenarlas según la sucesión temporal correspondiente (principio, fin, en el medio, etc.).

Clase, conjuntos, colecciones, seriaciones

Formación de conjuntos

- Somos cada uno un animal diferente. Establecer los hábitat y comidas respectivas en distintos puntos de la sala. Agruparse todos los animales que comen lo mismo o que comparten un mismo hábitat, o todos los que tienen plumas, pelos (algún criterio de clasificación para formar conjuntos).
- Cada conjunto de animales: ordenarse de mayor a menor, de más claro a más oscuro, etcétera.
- Noé prepara el arca e introduce en ella un animal de cada clase; con personajes humanos ordenarse de mayor a menor: todos los abuelos, todos los tíos, todos los hombres.
- Agruparse por sexo, por edad, por tipo físico y luego ordenarse según una consigna ante alguna circunstancia que lo justifique. Ejemplo: estamos en un supermercado, se produce un incendio; todas las mamás juntan a todos los niños, mientras todos los papás corren las cajas.

Pertenencia a un conjunto.
Ser o no elemento de un conjunto

- Los capitanes de ambos conjuntos se ven obligados a reforzar sus respectivos conjuntos contratando "hombres incógnita". Éstos aceptarán gustosos la invitación sin revelar su identidad secreta: pueden ser amigos o enemigos de quienes los contratan. En efecto, antes han tomado un papel de la galera, en el cual hay un dibujo que les indicó a qué conjunto pertenecen. El jugador (hombres-incógnita - h.I-) guarda en secreto dicha identidad.

  Durante un lapso preciso, el capitán y su grupo deben lograr una determinada misión (armar una torre, encontrar un tesoro, ganar un partido o lo que fuere).

  Concluido el tiempo, cada equipo juzga la actitud de los h.I. que contrató y determina si pertenecían a ese conjunto o eran espías enemigos (pertenecían al otro conjunto).

  Luego de pronunciada la sentencia, cada hombre-incógnita muestra su identificación.

  Gana el conjunto que ha concluido primero, o mejor, su misión y el que haya identificado correctamente mayor cantidad de h. I.

- Vendarse los ojos y girar sobre sí mismos. El coordinador los junta en tribus (grupos). Cada tribu debe inventar un sonido identificatorio (sin usar para ello la palabra). Cuando lo tiene, se sientan en círculo, en silencio y tomándose las manos.

  Luego, las tribus se dispersan por todo el lugar; soltándose de las manos; cada miembro debe ir a buscar alimentos (paquetes, trapos) y luego volver a juntarse con su tribu por medio del sonido identificatorio.

  Gana la tribu que juntó más alimento y logró reunir el mayor número de miembros (los que por error se juntaron en la segunda parte con otra tribu pasan a integrar esta nueva tribu).

- Representar una orquesta. Los músicos están mezclados. Los espectadores deben separar los instrumentos de viento de los de cuerda.

Comparación de conjuntos:
correspondencia término a término

- Dividir a los participantes en dos grupos. Al sonar el silbato, cada grupo pondrá en el suelo un determinado número de pares de zapatos y a su vez enviará hacia el otro equipo la cantidad de jugadores que hagan falta para calzarse los zapatos en el suelo. Corroborar si hay más o menos jugadores que zapatos colocados de uno y otro lado.

- Un equipo representa acciones como lavarse los dientes, ponerse un saco, colgar un sombrero. El otro debe representar esos objetos (cepillo, saco, perchero, sombrero). Un jurado verifica si hay correspondencia (a cada acción debe corresponder un objeto relacionado con ella).
- Un grupo de actores coloca en una silla varios elementos (bastón, chupete, bolsa, sombrero) y a su vez representa diferentes personajes (los dueños de esos elementos). El otro equipo debe alcanzarle, en el menor tiempo posible, el elemento perteneciente a cada personaje.

Detectar los elementos de un conjunto

- Un actor realiza una acción compuesta por un conjunto de movimientos (partes de esa acción). Luego debe congelarse cada vez que termina cada uno de esos movimientos. Hasta que la acción se convierte en una sucesión de esculturas. Un segundo actor debe repetir esta última secuencia y los demás le dirán si se olvidó de alguna, si hizo alguna que no correspondía.
- Un grupo compuesto por hombres y mujeres realizan todos una acción compleja. Otro grupo (espectadores) deben reproducir primero lo que hacían las mujeres del primer grupo y luego lo que hacían los hombres de ese primer grupo.

Propiedad de conjuntos

- Los jugadores extraen al azar un papel con instrucciones. Ese papel –que guardarán secretamente– tiene un dibujo. Además, cada jugador recibirá otra indicación de la maestra.
  La gallina: estará ciega y deberá regresar al gallinero guiada por el piar de sus polluelos (este piar tiene una particularidad).
  Los polluelos deben guiar a su mamá gallina hacia el gallinero piando de un modo peculiar que ella pueda identificar.
  Los zorritos deben tratar de imitar el piar de los polluelos para desviar a la gallina hasta la cueva de su padre zorro.
  Cuando mamá gallina y los polluelos han ensayado el piar correcto, se le vendan los ojos a la gallina, se la hace girar sobre sí y comienza el juego (previamente determinar los lugares del gallinero y la cueva).

Clasificación
- Ubicar en la sala lugares destinados a la verdulería, al cuartel de bomberos, a la plaza, y en un rincón, mezclados, todos los trajes (de viejos, de niños, de bomberos, de verduleros). Los participantes están durmiendo, están mezclados. Al sonar un silbato, todos deben levantarse, vestirse y actuar de acuerdo con un relato previamente concertado: comprar en la verdulería, apagar el incendio, jugar en el jardín. Al finalizar, cada uno debe colocar el traje en un lugar preciso.

Cuadro de doble entrada
- Trazar en el suelo un mosaico o tablero de ajedrez. Los participantes se sientan ocupando un casillero cada uno, de la base y de un lado. De dos en dos entran hacia el centro del tablero, representando un personaje a quien le ocurre algo (ejemplo: una señora que perdió su perro, un hombre con dolor de muelas). Al encontrarse en el centro, deben actuar como si fueran viejos conocidos.
- Uno de los dos propone un deporte, y otro debe convertirse en un objeto que tenga que ver con ese deporte, al llegar al centro.
- Uno expresa una sensación (frío, hambre) y el otro debe calmar la necesidad.

Enumeración
- Representar los juguetes de una calesita que gira. Los cuidadores cierran los ojos y el número de figuras disminuye o aumenta (se escapan o se cuelan en la calesita). Los cuidadores deben contarlas cada vez que abran los ojos para saber si sobran o faltan juguetes.
- En un supermercado hay proveedores, compradores y contadores. Estos últimos tienen que contar cuántos artículos hay de cada tipo.

Conservación de la cantidad
- De uno en uno: ser gordo, ser flaco, ser alto, ser bajo.
- En grupo: ser anchos (en el suelo), ser largos, estar en un pequeño barquito, estar en una inmensa playa (motivación: cada grupo es como una masa de levadura que crece, crece, y fabrican panes largos, tortas anchas).

Reversibilidad
- En una historia que lo justifique (o motivación), un grupo va representando distintas experiencias y luego regresa, rehaciéndolas, en el or-

den inverso. Ejemplo: se nos perdió la llave, ¿dónde las dejaste? Para averiguarlo, hacer todas las acciones hasta recordar aquella de dejar la llave en un lugar (al principio de la historia); representar un gol (patear-gol-festejo) y, como si fuera *re-play*, volver la acción hacia atrás.

Desplazamientos en el espacio y figuras geométricas

- *De uno en uno*: marcando "paredes", recorrer un laberinto (entrada-recorrido-llegada).
- *Entre varios*: formar figuras geométricas con personas de pie (cuadrados, triángulos, círculos; lo mismo con personas acostadas, marcar en el suelo con tiza las figuras logradas).
Formar cuadrados con el menor número posible de personas enteras (cuatro); formar triángulos con el menor número de personas enteras (tres).
Acostados: dividir un cuadrado en dos triángulos, en cuatro triángulos y dibujar dicha figura en el suelo.
- *Entre dos o más*: transportar muebles (evocados) cuadrados, circulares, triangulares, conservando el tamaño durante el traslado (los que observan deben adivinar qué figura es).

Simetrías

- De pie uno frente al otro, representar el espejo fiel y luego el espejo infiel (que hace lo contrario).
- Formar entre varios un pájaro, siendo unos el cuerpo, otro el ala derecha, otro el ala izquierda. De la misma manera, formar un ropero con dos puertas, una ventana con dos hojas y cualquier figura simétrica.
- Reproducir en el suelo un recorrido señalado en un mapa del lugar (ángulos rectos, rotondas, curvas). Trazar en un mapa del lugar un recorrido efectuado en el suelo.

Percepción de la forma. Espacio visual

- Corporizar un garabato trazado en un papel. Ser una estatua observada en una plaza. Asumir las formas de las aberturas y recipientes como si fuésemos de agua.

Coordinación óptico – motora y atención voluntaria

- Reconocer las características (tamaño, peso, elasticidad, etc.) de un objeto y evocarlas. Poder ejecutar una acción como si tuviésemos alguna de esas características (dentro de una historia).

- Tirar y ser tirado de una cuerda (imaginaria). Traer algo con cuerda.
- Realizar con una mano o con un dedo todo lo que otro realiza con su ser físico. Realizar con todo el ser físico los movimientos que otro realiza con su dedo o mano.
- Un director de música nos dirige. Nosotros subimos, bajamos, nos abrimos, nos juntamos, saltamos, caemos..., según lo que él indique y según la intensidad con que él quiera que nos movamos (vehemencia de sus gestos).

Integrar varios elementos en un todo distinto del lenguaje hablado

- Establecer las posturas correspondientes a dos estados de ánimo opuestos (por ejemplo, alegría-tristeza) y pasar de una a otra por un motivo interior.
- Representar el motivo de la tristeza y luego el de la alegría (los espectadores deben "leer" la historia contada).

Memoria y capacidad de copia

- Uno realiza un movimiento. Los demás lo repetimos con exactitud.
- Cada uno se presenta al grupo con un movimiento y un sonido que lo caracterice. Todos los otros repetimos ambas cosas. Cuando se presenta el segundo miembro, repetimos su esquema y el anterior y así hasta retener el movimiento y el sonido con que se presentó cada uno.
- Teatralizar un cuento (escuchado previamente) que contenga acciones y personajes. Un grupo que no escuchó el cuento, ni lo conoce, debe interpretarlo luego de ver la representación.
- Realizar una acción y repetirla hacia atrás como si fuese una película que retrocede.
- Observarse detalladamente de dos en dos durante unos segundos. Ponerse espalda contra espalda y poder responder a cualquier pregunta sobre la vestimenta del otro.

El Yo: autoconocimiento y auto-estima

- A partir de un estado de relajación, automasajearse y reunir cada parte del ser físico a las otras por medio de las articulaciones.
- Luego de explorar las diferentes posturas, congelarse y considerarse a sí mismo un objeto: ¿qué soy?, ¿cómo soy?, ¿dónde estoy?, ¿cuál es mi belleza y cuál mi utilidad?

- Volver a disolverse. Cerrarse como una semilla y volver a renacer como un ser vegetal: ¿qué soy?, ¿dónde estoy?, ¿cuál es mi belleza y cuál mi utilidad?
- Disolverse y re-nacer como un ser animal: ¿quién soy?, ¿dónde vivo?, ¿cuál es mi mayor virtud?, ¿por qué es importante que yo exista?
- Anotar (o comentar) qué es lo que tienen en común ese objeto, esa planta y ese animal. ¿En qué se parecen sus aspectos positivos?, ¿qué es lo que los hace imprescindibles?, ¿por qué es hermoso que existan?
- Volver a disolverse y reaparecer como ser humano que soy: reconocer cada parte de mí, haciendo con ella todo lo que puedo. Ejemplo: con mis pies y piernas patear, saltar, correr, hacer equilibrios. ¿Por qué son importantes mis piernas? (Lo mismo con cada parte y cada órgano. En el caso de chicos discapacitados, potenciar las partes sanas.)

Luego me pregunto: ¿cuáles son los lugares en que puedo estar? Representar lo que hago y lo que puedo hacer en cada uno de ellos.
Luego, ¿cuáles son las personas con las que puedo estar? (representar lo que desearía hacer con y por cada uno de ellos).
¿Qué otras relaciones puedo tener? (con objetos, animales, plantas, personas). Representar esas situaciones.
Al tratarse de una exploración de las propias posibilidades de vivir, el juego es en sí interminable.

El otro: reconocimiento y complementariedad

- Amasar un trozo de arcilla. Darle una forma y pasarla. Al recibir el trabajo de otro, continuarlo y pasarlo (así varias veces).
- Unos a otros amasarse como si fueran arcilla. Formar con el otro una escultura lo más parecida a lo que creo que el otro es y le gustaría hacer. Cuando he concluido mi obra, soplo sobre ella dándole toda mi energía vital y caigo al suelo, relajadamente y sin fuerzas. La escultura adquiere vida, actúa representando lo que cree que es, de acuerdo con la postura que ha recibido. Finalmente, encuentra en el suelo a otro (pedazo de arcilla). Lo amasa y hace con él una estatua.
- Ponerse de dos en dos, espalda con espalda. Uno comienza a representar alguna actividad que le guste. El otro debe adivinarla y plegarse a ella. (Luego se repite cambiando los roles.)
- Entre varios: uno se ubica como escultura expresiva, representando algo que le gusta hacer. Otro complementa dicho cuadro ubicándo-

se como otra escultura que tenga relación. Otro hace lo mismo en función de los anteriores y así sigue. Cuando todos han completado el cuadro, actuar (constatar si todos adivinaron una misma actividad o si cada uno suponía que la actividad era otra).
- Formar entre varios una misma imagen: una máquina, un animal, un objeto o todos los objetos de una casa; las plantas y árboles de un bosque.
- Pasarse un muñeco y manifestarle algún tipo de afecto con gestos y acciones. Luego hacer lo mismo con el que tenemos al lado.

El medio: cómo es y cómo me siento en él
- Con la técnica del desdoblamiento, representar los personajes de mi familia en la que yo mismo aparezca involucrado.
- Representar el personaje más importante del colegio, el más olvidado, el más útil, el más gracioso, el que menos entiendo.
- Representar a mis amigos y enemigos (barrio, club). Representar la ciudad en la que vivo. Representar la noticia más importante de este año en el mundo.

Inserción en el medio
- *Entre varios*: componer una máquina y ser una pieza de la máquina. Componer un tren, un árbol, un ser extraterrestre, en el que se diferencien partes y funciones de cada una; un animal, un guerrero, un grupo de animales salvajes (selva) y un grupo de personajes de la ciudad.
- *Cada uno*: detectar la propia inserción como parte de un todo: ¿qué tienen en común mi ubicación como parte de una máquina, mi ubicación como parte de un vegetal, de un animal, de un grupo de animales y de un grupo social? ¿Se parece esta inserción a mi inserción en mi familia, en mi colegio, en mi barrio? Representar una actividad que me gustaría hacer siempre realizada por un personaje que me gustaría ser, un medio donde me gustaría vivir.
- *En grupo*: tratar de conciliar varias de esas actividades y actuarlas simultáneamente (cada uno la suya, pero complementándose).

El mimo y el aprendizaje de una lengua extranjera en un proyecto comunicacional

En 1914, Ekman Friesen (del Instituto de Neuropsiquiatría Langley Porter de California) y Sorensen (del Instituto Nacional de Enfermedades y Ceguera Neuróticas) formulan una teoría que postula la existencia de *innatos programas subcorticales que vinculan ciertos elementos evocativos a expresiones faciales universalmente perceptibles, correspondientes a cada una de las emociones primarias: interés, alegría, sorpresa, miedo, enojo, angustia, desagrado, desprecio y vergüenza.* Esto no garantiza por cierto que un determinado gesto con el rostro, las manos o alguna parte del cuerpo deba significar exactamente lo mismo en cualquier contexto cultural,[1] pero sí confirma que existe un lenguaje del cuerpo. Ray Birdchistell realizó una investigación, en la universidad de Louisville, según la cual la comunicación humana se efectúa más mediante gestos, posturas, posiciones y distancias relativas, que por cualquier otro medio. Albert Mehrabian afirmó en su momento que las palabras solas representaban un 7% del mensaje; mientras que un 38% dependía de lo "vocal" (tono de voz, matices y otros sonidos), y un 55% del impacto era atribuible a lo no verbal.[2] Birdwhistell y Mehrabian coinciden en que el componente verbal de una comunicación es menos del 35% y que **más del 65% de la comunicación es de tipo no verbal**. En síntesis, aunque tengamos la impresión de pasarnos todo el día hablando, seguimos estableciendo y reconociendo los vínculos interpersonales por medio de señales corporales.

No es el propósito de este libro ponderar un aspecto del lenguaje en detrimento del otro. La ponderación del lenguaje del cuerpo que interesa al arte del mimo no es "contra" la palabra, sino a favor de la comunicación (interpersonal) entre un actor y un espectador. Para un propósito pedagógico, la constatación del componente no verbal de la comunicación nos parece asimismo relevante en la medida en que se procure la integración de ambos recursos para el mejoramiento de los vínculos comunicativos. Las palabras por sí mismas denominan los objetos con una eficacia superior al lenguaje no verbal, pero adquieren su capacidad de afectación del vínculo comunicativo (su significado relacional) de los códigos corporales desplegados por el emisor: cómo las dice, en qué circunstancia; desde qué rol; desde qué postura actitudinal; desde qué tono muscular; acompañadas de qué gestos y movimientos; desde qué distancia relativa, etcétera.

Darle la palabra al cuerpo y devolverle el cuerpo a la palabra podría beneficiar tanto a la producción artística como a la producción social de vínculos más humanos. Volvernos capaces de comunicarnos desde la comunicación misma nos ayudará incluso a descubrir la utilidad de los "medios" de comunicación más sofisticados, los cuales pueden *aprovecharse* a posteriori, pero *no nos enseñan* a comunicarnos.

Ahora bien, ¿cuál es la importancia de registrar, asumir e integrar los componentes verbales y no verbales para la enseñanza y el aprendizaje de una lengua extranjera? ¿Puede ser el mimo un recurso para la planificación de dichas estrategias didácticas?

Un lenguaje, un sistema de signos, es mucho más que un conjunto de palabras. Expresa un modo de vincularse consigo mismo, con la naturaleza, con los semejantes, con lo sobrenatural y lo misterioso, etcétera.

Poder comprender una determinada lengua no se agota en la memorización de palabras. Es de algún modo poder participar de esa cultura, de ese determinado modo de vincularse con lo otro y con los otros (por ello nos interesa el componente corporal de ese vínculo).

A su vez, enseñar una lengua o procurar mejorar la calidad de su utilización oral y lecto escrita supone el establecimiento de una comunicación con ese educando, un vínculo de recíproca aceptación de roles diferenciados donde el afecto no esté en riesgo. El educando recibe permanentemente el mensaje corporal del docente: "tengo fe en ti", "no me fastidies". Recibe información no-verbal del compromiso del docente en ese intercambio: "tengo interés por enseñarte", "no me interesa si aprendes". El docente percibe, asimismo, el mensaje corporal del educando, o, al menos, es permanentemente informado por el educando (desde su lenguaje corporal) acerca de su compromiso en el proceso de aprender: "quiero que me exija", "hágalo por mí", "tengo interés", "me aburro", etcétera.

La conciencia de que estos mensajes existen y la capacidad de registrarlos es esencial para que la comunicación establecida[3] se profundice, se revise, se mejore en beneficio del aprendizaje.

Por otra parte, el mimo es una disciplina teatral que pondera el uso de los componentes no verbales de la comunicación, los cuales naturalmente se integran a los componentes verbales cuando el espectador "traduce" (narra internamente o a algún otro) lo sucedido durante una representación.

Existe un nivel de representación que coincide con la mimesis de objetos, personajes, acciones o situaciones humanas, donde el mensaje coincide con los gestos, actitudes y movimientos corporales del actor

Capítulo 6 — El mimo y la planificación de estrategias didácticas

(¿qué hizo?: "abrió una puerta"; ¿qué quiso decir?: "que abrió una puerta").

En un segundo nivel de actuación y de expectación, el arte del mimo propone imágenes, metáforas y alegorías de la realidad humana, donde los mensajes corporales del actor, además de describir las acciones del personaje se constituyen en materia poética (¿qué hizo?: "abrió una puerta"; ¿qué quiso decir?: "que buscó o descubrió una salida, que se decidió a enfrentar el problema, que decidió evadirse de la situación..."). Mientras en la narración corporal descriptiva o "figurativa" tanto el actor como el espectador se circunscriben a "un" (solo) significado válido-verdadero, la alegoría suele prestarse a múltiples posibles interpretaciones, porque el espectador agrega significado, al igual que un buen lector frente a un texto o un oyente crítico frente a un conferencista. El soporte de la "obra" de mimo es finalmente la memoria (activa) del espectador presente.

Ahora bien, tanto en la descripción figurativa como en la construcción de imágenes metafóricas, el actor mimo "dice" algo que puede ser verbalizado por el espectador. Dicha verbalización puede incentivarse a través de consignas: comentar, describir, interpretar, sugerir, agregar, anticipar. Este juego puede ocurrir luego de finalizada la acción, durante o previamente a ella. Pueden ser los espectadores quienes, al hipotetizar o interpretar los primeros movimientos, sugieran al actor los siguientes: el sentido o el curso de la acción.

El uso de la lengua puede justificarse para describir una acción; para hipotetizar o deducir a partir de la observación de una acción; para crear otorgando sentidos posibles a una acción o movimiento de otro; para formular uno de esos sentidos posibles; para formular una consigna a través de la cual otro pueda llevar a cabo una acción (anticipándola verbalmente o por escrito). Este "contexto de uso" de la lengua es absolutamente natural en un taller de mimo. ¿Por qué no habría de serlo en un taller de lengua?

En la Universidad CAECE, en Buenos Aires, se viene realizando con éxito un curso de "Applied Drama" para profesores de inglés, dentro del cual se desarrolla un trayecto de mimo. De acuerdo con el testimonio de los docentes que han aplicado este enfoque, ha mejorado sustancialmente la calidad del aprendizaje de sus alumnos. Las principales "razones" que ellos atribuyen a dicha mejoría serían tres: por una parte, la posibilidad de entender un buen porcentaje del mensaje del emisor merced a la lectura de sus señales corporales (tensión-distensión muscular, posición de la columna, actitudes y gestos, ademanes, distancia relativa, personaje y su vínculo con el espacio, etc.) les da confianza en poder entender el significado de las palabras (en inglés) deduciéndolas del contexto del mensaje comunicativo (de todo el cuerpo). En segundo lugar, las palabras que se refieren a conceptos ligados a afectos y emociones (posiciones en el espacio, pertenencia, estados de ánimo, necesidades y deseos, situaciones-límite, prefiguración de personajes y roles, etc.) se fijan más sólidamente cuando están ligadas a vivencias "reales" (la evocación y representación durante un juego mímico teatral funciona "como si" les ocurrieran realmente). Por último, la necesidad de pasar a otro(s) de su mismo equipo una consigna oral o escrita para que éste (éstos) la representen y la necesidad de descubrir (expresar en forma oral o escrita) la consigna secreta con la cual otro(s) actuaron, les dio (a los docentes) múltiples oportunidades de realizar ajustes cognitivos (uso de la gramática, vocabulario, pronunciación, etc.) en un contexto de uso (y de mayor significatividad).

Creo que cabe agregar una cuarta "razón", y es que los propios docentes (por estar más atentos y sensibilizados con el lenguaje del cuerpo) han registrado mejor la situación emotiva de los niños y ellos a su vez han percibido, a través del lenguaje corporal (espontáneo) de sus docentes, un mayor compromiso empático, ante el cual han respondido con mayor interés y entusiasmo. Compartir un juego es, después de todo, compartir un ámbito donde todo es posible, también ensayar nuevas reglas, nuevas lenguas.

El mimo en la educación por el arte

A partir de algunos objetivos establecidos por nosotros como deseables, hemos ideado algunos ejercicios. Apelando al arte del mimo desde las Ciencias de la Educación, hemos tratado así de responder a las preguntas: ¿cómo acompañar a un niño en su proceso de aprendizaje de la lecto-escritura, de la matemática, de una lengua extranjera..., brindándole la conciencia de su propio cuerpo como recurso?

Pero cuando ponemos al niño en contacto directo con el mimo (con el ser y el hacer mimo), tal cual lo ponemos en contacto con la arcilla, con los colores, con los sonidos, para que tomen del mimo lo que quieran tomar y que se sirvan del mimo como se sirven de un lápiz y un papel para dibujarse a sí mismos, entonces se abre ante nosotros un universo de imprevisibles posibilidades. Un mundo al que entramos como ciegos

Capítulo 6 — El mimo y la planificación de estrategias didácticas

guiados por los niños, porque son ellos quienes deben enseñarnos a nosotros, desde su placer de mimar, qué es el mimo para ellos, qué es el mimo en la educación o qué es la educación a través de este arte.

Se trata de la relación del niño con ese "material" estético que es el yo real autotransparente, autopresente y automanifiesto. ¿Qué significa esto? ¿Qué significa ofrecerle al niño, como material para su expresión creativa, su propio ser corporal?

¿Cómo saber qué le ocurre en esa última soledad de su burbuja circunvalante, ante la posibilidad de hacer coincidir su ser y su hacer con su querer ser y hacer? ¿O ante la misteriosa conexión entre su trabajo creativo y su trabajo intelectual, las dos columnas que sostienen simultáneamente el hacer mimo?

¿Qué importancia adquiere en su proceso madurativo la capacidad de manejar su tensión o distensión muscular, la intensidad o velocidad del movimiento autoconducido, para expresarse a sí mismo, para representarse, para construirse como personaje?.

¿Qué significa pensar "desde" una acción, desde una tensión muscular, una postura, un movimiento?

¿Surge primero una emoción que es luego cristalizada en una determinada figura (conciencia-acción) o es la figura lograda quien permite liberar una emoción (acción-conciencia)? ¿Mimamos lo que pensamos o pensamos lo que mimamos?

¿Cómo valorar la capacidad de idear cosas posibles, ese sutil equilibrio entre la imaginación y el pragmatismo, al que conduce el arte del mimo?

¿Cuál es el aporte indirecto del mimo en el proceso de individuación: autoafirmación, autoestima, seguridad en sí mismo, y cuál es el aporte de la experiencia de ser-con-otros un solo cuerpo a través de las figuraciones grupales, en su proceso de socialización?

Aunque pudiésemos responder a estas preguntas quedaría aún otra: ¿de qué manera, en qué tiempo, y hasta dónde podremos recortar el contenido de este libro a la medida de un niño?

Y por si la dificultad de responder a estas preguntas fuera una justificación para no hacer nada, otra pregunta aún más urgente nos empuja a intentar, a investigar, a avanzar: ¿podemos privar a los niños de la posibilidad de enriquecerse con el descubrimiento de ese tesoro escondido que son ellos mismos en cuanto seres corporales?

Los queremos sabios, científicos, felices. Pero ¿hay una ciencia mayor que la con-ciencia? ¿Hay alguna felicidad o sabiduría que no se apoye en el saberse descifrar a sí mismo?

Notas
1. En realidad, los componentes del lenguaje del cuerpo suponen siempre dos sujetos (quien envía el mensaje y quien lo recepta). Al igual que en el lenguaje hablado, sólo pueden entenderse dos que compartan un mismo idioma.
2. ¿Quién emite el mensaje? (su rol, su posición jerárquica, su pertenencia a ese espacio –propio o ajeno- en que ocurre la comunicación…); ¿desde qué distancia relativa? (¿hay entre el emisor y el receptor algún escritorio de por medio?, ¿habla desde un "arriba" hacia un abajo?, ¿desde un costado?); ¿cuál es la postura esqueletal –global- y la tensión muscular que imprime a sus dichos? ¿Con qué tono (muscular y vocal) lo dice? ¿Cuáles gestos actitudinales (movimientos de ojos, boca, ademanes…) acompañan sus palabras? ¿Qué ruidos y silencios produce mientras habla? En una palabra: ¿qué vinculo propone: de dominación, de sumisión, de seducción, de complicidad… (más allá del significado "digital" de sus palabras).
3. Donde hay dos o más personas compartiendo un mismo ámbito (el aula es uno de ellos), siempre, inevitablemente, se establece algún tipo de comunicación. De lo que se trata es de mejorarla.

Bibliografía

Lengua castellana

Cuyer, Eduardo, *La mímica*, Madrid, Daniel Jorro, 1906.
González López, Waldo, "La magia de la pantomima". Revista *Conjunto*, La Habana, N° 29, julio-septiembre 1976.
Hernando, Víctor, *Mimografías*, Buenos Aires, Vuelo Horizontal, 1996.
Hernando, Víctor, *Revista Movimimo*, Buenos Aires, 1979.
Hernando, Víctor y Sabor, De la C.P., *Palabra Obscena. Cuerpo Explícito, 30 años del mimo en la Argentina* (inédito).
Marañón, Gregorio, *Psicología del gesto*, Santiago de Chile, Cultura, 1973.
Revista *Máscara*, cuaderno iberoamericano de reflexión sobre escenología, año 3, N°s 13-14, México, abril / julio 1993.
Roberts, Peter, *Mimo, el arte del silencio*, San Sebastián (España), Tarttalo, 1983.

Textos generales sobre la historia del mimo y de la pantomima

Lengua inglesa

Allen James, T., *Stages Antiquities of the Greeks and Romans and their influence*, New York, Cooper Square, 1963.
Allen, P. S., "The Medieval Mimus". En *Modern Philology* N° 7, enero 1910.
Barrault, Jean Louis, "Dramatic Art and the Mime". En *Opera, Ballet, Music Hall in the World*, Oliver Perrin, Paris, International Theatre Institute publication III, 1953.
Barrault, Jean Louis, "Pantomime". En *Actors on Acting*, New York, Crown, 1949.
Barrault, Jean Louis, "The Mime and the Dance". En *Dance, Art, Beauty*, Edouard Beaudu, Paris, Editions du Trident, 1947.
Bieber, Margarete, *The history of the Greek and Roman Theater*, Princeton University Press, 1961.
Blasis, Carlo, "On Pantomime". En *The Code of Terpsichore*, Londres, E. Bull, 1930; en *The Theory of Theatrical Dancing*, Londres, F. Verinder, 1888.
Broadhent, R. J., *A History of Pantomime* (1901), reeditado por Citadel Press, New York, 1968.

Craig, Gordon, "Conversation with my Real Friends". En *The Mask* n° 5, 1913.
Dadd, A. H., "History on Pantomime". En *History* n° 12, octubre 1927.
Disher, M. Wilson, *Clowns and Pantomime* (1925), New York, reeditado por Benjamin Blam, 1968.
Halliday, Andrew, *Comical Fellows or The History and Mistery of the Pantomime*, Londres, Thomson, 1863.
Holmstrom, Kirsten G., *Monodrama-Attitudes-Tableaux vivants. Studies on some Trends of Theatrical Fashion*, 1770-1815, Uppsala, Almquist and Wicksell, 1967.
Hunninger, Benjamin, "The Mimes". En *The Origin of the Theatre*, The Hague, Hijoff, 1955.
Kernodle, George, "Symbolic Action in the Greek Choral Odes". En *Classical Journal* N° 53, octubre 1957.
Mawer, Irene, *The Art of Mime*, Londres, Methuen, 1932 y 1949.
McKechnie, Samuel, *Popular Entertainment Through the Ages*, 1931, reimpreso por Jamin Blam, New York, 1969.
Nares, Robert, *Cupid and Psyche*, Londres, Stockdale, 1788.
Nicoll, Allardyce, *Masks, Mimes and Miracles*, Londres, 1931 y New York, Cooper Square Publishers, 1963.
Pepler, H. D. C., *Mimes Sacred and Profane*. Londres, S. French, 1932.
Pickard, A. W., *The Theatre of Dionysus en Athens*, Londres, Oxford University Press, 1946.
Pons, Genevieve, "The Silent Musicians". En *Air France Atlas* N° 73, julio 1972.
Ralph, James. *The Touch Stone*, 1728, reeditado por Gerald Publishing, New York, 1973.
Revista *Mime Journal*. Editada por Thomas Leabhart c/o Performing Arts Center, Grand Valley State College, Allendale, Estados Unidos.
Rolfe, Bari, *Mimes on Miming*, Los Angeles, Panjandrum Books, 1980.
Wagner, Leopold, *The Pantomimes and All About Them,* Londres, Haywood, 1881.
Weaver, John, *The History of the Mime and Pantomimes,* Londres, J. Roberts, 1728.
Welsford, Enid, *The Fool, His Social and Literary History*, Londres, Faber, 1935.
Willeford, William, *The Fool and His Scepter*, Evanston, Northwestern University Press y Londres, Edward Arnold, 1969.
Wilson, Albert E, *The History of Pantomime*, Londres, Home and Van Thal, 1949.

Bibliografía

Lengua italiana

Angiolini, Gasparo, *Lettere di G. Angiolini a M. Noverre sopra i balli pantomimi*, Milán, G. B. Bianchi, 1773.
Balsinelli, R. y Negri, L., *Suida al Mimo e al Clown*, Milán, Rizzoli, 1982.*
Bernini, Ferdinando, *Studi sul mimo*, Pisa, 1915.
Blasis, Carlo, *Saggi e prospetto del trattato generale di pantomima naturale e di pantomima teatrale, fondato sui principi della fisica e della geometria, e dedotta dagli elementi del disegno e del bello ideale*, Milán, Guglielmine e Redaelli, 1841.
Blasis, Carlo, *Studi sulle arti imitatrici*, Milán, 1844.
Bonifacio, Giovanni, *L'arte de 'cenni con la quale formadosi favella visible, si tratta della muta eloquenza*, Vicenza, Grossi, 1916.
Bragaglia, Ardon Giulio, *Evoluzione del Mimo*, Milán, Ceschina, 1930.
Cervallati, A., "Il Clown, maschera moderna: vita de Joseph Grimaldi". En *Progresso d'Italia*, Boloña, 1949.
D'Amico, Silvio, "Fregoli, pantomimo romano". En *Revista Italiana del Dramma*, N° 1, 1937.
De Jorio, Andrea, *La mimica degli antiche e moderni*, Verona, Carattoni, 1753.
Oliviei, Alessandro, *Frammeti della commedia greca e del mimo nella Sicilia e nella Magna Grecia*, Napoli, Libreria Scientifica Editrice, 1946-47.
Pinto - Colombo, *Il Mimo di Sifrone e di Senarco*, Florencia, Bemporad, 1934.
Raffe - Nepoti, *Il teatro di Dario Fo*, Roma, Gremese, 1982.
Valentini, Chiara, *La storia de Dario Fo*, Milán, Universale Economia Feltrinelli, 1977.

Lengua francesa

Angiolini, Gasparo, *Dissertation sur les ballets pantomimes des anciens*, Viena, Jean Thomas de Trotthern, 1765.
Aubert, Charles, *L 'Art du Mimique*, Paris, Meuriot, 1901.
Auerbach, Erich, *Mimesis: la représentation de la realité dans la litérature occidentale*, Paris, Gallimard, 1969.
Barrault, Jean Louis, "Propos sur la pantomime". En *Formes et Couleurs*, N° 5, 1947.
Blanchard, Oliver, *Mimes Suisses*, Bema, Zahringer Verlag, 1975.
Boulenger de Rivery, C. R., *Recherches historiques et critiques sur quelques anciens spectacles, et particuliérement sur les mimes et sur pantomimes*, Paris, Merigot, 1752.

Cluzel, Magdeleine, *Mimes et poétes antiques*, Paris, Scorpion, 1957.
De Banville, Théodore, *Les Pauvres Saltimbanques*, Paris, Levy, 1875.
Fournel, Victor, *Les Spectacles Populaires*, Paris, Dentu, 1863.
Giraudet, A., *Mimique, physionomie et gestes*, Paris, Ancienne Maison Quantin,1895.
Hacks, Charles, *Le Geste*, Paris, Marpon et Flammarion, 1892.
Hawkes, John, *Mimodrame*, Paris, Denoël, 1976.
Herondas, Mimes J. A. Naim, L. Laby, *Belles lettres*, Francia, 1960.
Huganet, Paul, *Mimes et Pierrots*, Paris, Fischbanker, 1889.
Jeanne, René, "La pantomime et le cinéma". En *Cinémagazine* n° 2 y n° 3, marzo 1922.
Larcher, Félix y Hugounet, Paul, *Les Soirées Funambulesques*, Paris, Ernest Kolb, 1891.
L'Aunaye, Francois H., *De la saltation Théatrale*, Paris, Barnois, 1790.
Lorelle, Yves, *L'expression corporale du mime sacré au mime de théatre*, Paris, La Renaissance du Livre, 1974.
Mendés, Catulle, "La pantomime". En *Revue du Palais* n° 1, mayo 1897.
Péricaud, Louis, *Le Théatre des Funambules,* Paris, Spain, 1897.
Prevost, Jean, *Polymnie, ou les arts mimiques*, Paris, E. Hagan, 1929.
Richy, Pierre, *Initiation ou mime*, Paris, L'Amicale, 1960.
Ricossi, Maria y Prampolini, Enrico, *Le Théatre de la pantomime futuriste*, Paris, 1926.
Schob, Marcel, "Mimes", *Mercure de France*, 1964.
Somville, Pierre, *Mimesis et art contemporain*, Urin, 1979.
Taladoire, Barthélemy, *Commentaires sur la mimique et l'expression corporelle du comedian romain*, Montepellier, 1951.
Zola, Emile, "La pantomime". En *Le Naturalisme au Théatre*, Paris, E. Fasquelle, 1881.

Lengua alemana

Engel, Johann Jakob, *Ideen zu einer Mimik*, Berlin, 1785 - 86.
Flogel, Karl Friedrich, *Geschichte des Grotesk - Komischen*, Lipsia, Liegnitz und Siegerl, 1788.
Grysar, Karl Josef, *Der Romische Mimus,* Viena, Akademie der Wissenchafl, vol. XII, 1854; págs. 237 - 337.
Herzog, R. Zur, "Geschichte de mimus". En *Philologues* n° 62, enero 1903.
Horovitz, Joseph, *Spuren Griechischer Mimen in Orient, mit einen Angag uber das Egyptische Schattenspiel*, Berlin, Mayer und Muller, 1905.

Paulikowski Cholen, Harold Von, *Le Mime Marcel Marceau*, Hamburg, J. M. Hoeppner, 1955.
Torschelman, W., "Der Griechischer Mimus". En *Baltische Monttschrift* N° 39, 1982.

La pantomima y el mimo en Francia: textos generales

Agnotti, Vicent y Judi Herr, Etienne, "Decroux and the Advent of Modern Mime". En *Theatre Survey*, mayo, 1974.
Arnaud, Lucien, *Charles Dullin*, Paris, L'Arche, 1952.
Artaud, Antonin, *Lettres a Jean Louis Barrault*, Parigi, Bordas,1952.
Barrault, Jean Louis, "Child of Silence". En *Theatre Art* N° 33, octubre 1949.
Barrault, Jean Louis, *Je suis homme de Théatre*, Paris, Ed. du Conquistador, 1955.
Barrault, Jean Louis, *Nouvelles réflexión sur le Théatre*, Paris, Flammmarion, 1959.
Barrault, Jean Louis, *Réflexion sur le Théatre*, Paris, J. Vautrain, 1949.
Barrault, Jean Louis, *Souvenirs pour demain*, Paris, Seuil, 1972.
Bentley, Eric, "Marcel Marceau". En *That is Theatre?*, Atheneum, 1968.
Bentley, Eric, "Pretension of Pantomime". En *Théatre Arts* N° 35, febrero 1951.
Bentley, Eric, "The Purism of Etienne Decroux". En *Search of Theatre*, New York, Knopf and Vintage Books, 1953.
Bergman, Gasta Mauritz, "La Grande monde des pantomimes à Paris vers 1740 et les spectacles d'optique de Servandoni". En *Théatre Research* n° 2, 1960.
Chritout, Marie Francoise, *Le Marveilleux et le "théatre du silence" en France a partir du XVIII siécle*, The Hague, Mouton, 1965.
Decroux, Etienne, "Il Mimo per l'attore parlante". En *Il Cigno* N° 3, 1953.
Decroux, Etienne, *Mime: The Arts of Etienne Decroux*, New York, Pratt Adlib Press,1965.
Decroux, Etienne, *Paroles sur le mime*, Paris, Gallimard, 1963.
Despot, Adriane, "Jean Gasparad Deburau and the pantomime at the Theatre des Funambules". En *Educational Theatre Journal*, N° 27, octubre 1975.
Faral, Edmond, *Mimes Francais du XIII siécle*, Paris, H. Champion, 1910.
Fleury, Jules Champfleury, "Les Derniers Jours de Deburau". En *Souvenirs des Funambules*, Paris, Michel Levy, 1859.

Gautier, Théopile, "Shakespeare aux Funambules". En *L'Art moderne*, Paris, M. Levy's Sons, 1856.

Gelabert, R., "Etienne Decroux Has Much to Teach Us". En *Dance Magazine* N° 33, septiembre 1959.

Gilman, Richard, "Marceau: The limits of ilusion". En *Commonweal* 77, enero 1963.

Goby, Emile, *Pantomimes de Gaspard et Ch. Deburau*, Paris, E. Dentu, 1833.

Hill, Ruth K. y Jean Louis Barrault, "Man at Work". En *Théatre Arts* N° 35, octubre 1951.

Hugonet, Paul, *La musique et la pantomime*, Paris, Ernest Kolb, 1892.

Kott, Jean, "Marceau, or the Creation of the World. En *Theatre Notebook*, New York, Doubleday, 1968.

Kozik, Francis, *The great Deburau*, New York, Farrar and Rinehart, 1940.

Laust, Annette, "Etienne Decroux and the French School Mime". En *Quarely Journal of Speech* N° 57, octubre 1971.

Laust, Annette, "Etienne Decroux: Father of Modern Mimo". En *Mime Journal* N° 1, 1974.

Leabhart, Thomas, "Etienne Decroux on masks". En *Mime Journal* N° 2, 1975.

Lecoq, Jacques, *Le Theatre du geste Mimes et acteurs*, Bordas, 1989 (enciclopedia).

Lecoq, Jaques, "Le Corps et son image". En *Architecture d'aujourd-hui* n° 152, octubre- noviembre 1970.

Lecoq, Jaques, "Le Mouvement et le Théatre", *Maison de la Culture d'Amiens*, diciembre 1967.

Lecoq, Jaques, "L'Ecole Jaques Lecoq (Mime, Mouvement, Théatre) au Théatre de la Ville", traducción del frances. En *Yale/Theatre* n° 4, 1973.

Lecoq, Jaques, "L'Ecole Jaques Lecoq s'ouvre au public", *Maison de Théatre de l'Est Parisien*, octubre 1968.

Manne, E. D. y Charles, Ménétrier, *La Galerie historique des acteurs francais, mimes, et parodistes*, Lyon, Schevring, 1877.

Marceau, Marcel, "Making the Invisible Visible". En *Art for Humanity* n° 2, 1976.

Marceau, Marcel, "The Arf of Mime". En *Opera, Ballet, Music Hall in the World*, Paris, International Theatre Institute Publication III, 1953.

Marceau, Marcel, *Die Weltkunst der Pantomime*, Zurich, Die Anche, 1961.

Martin, Bell, *Marceau Marcel, Master of Mime,* New York, Grosset and Dunlap, 1978.

Maudit, Jean, "Promotion du mime (Marceau)". En *Revue de la Pensée Française* n° 9, 1952.
Monnier, Albert, "Les Funambules, étude de moerus". En *Le Joumal pour Rire*, mayo,1855.
Mounin, Georges, "Le mime contemporain". En *Introduction a la sémiologie*, Paris, Editions de Minuit, 1970.
Perugini, Mark, "Deburau. Poet of the Unspoken Word". En Omnibus Box, Londres, Harrolds, 1933.
Rémy, Tristan, *Jean Gasparad Deburau*, Paris, L'Arche, 1954.
Rolfe, Bari, "The Mime of Jaques Lecoq". En *The Drama Review* n° 16, marzo 1972.
Salacrou, Armand, "Allez-y Marceau! Nous Vous regardons". En *Arts* n° 413, 1952.
Walton, Thomas, "Pantomime on the French Stage". En *Life and letters today* n° 23, 1939, págs. 231 - 220.
Winter, Maria Hannah, "Repertorie of Marcel Marceau and Company". En *Dance Magazine* n° 33, mayo 1959.
Winter, Marian Hannah, "That Magnificient Mute". En *Opera, Ballet, Music Hall in the World*, por Oliver Perrin, Paris, International Theatre Institute Publiccation lll, 1953.
Wylie, Laurence, "A l'Ecole Lecoq j'ai découvert mon propre clown". En *Psychologie*, agosto 1973.

La pantomima y el mimo en Inglaterra

Agate, James E., *Immoment Toys: A Survey of Light Entretnaiment on the London Stage*, New York, Benjamin Blom, 1945.
Agate. James E., *Fantaisies and Impromtus*, Londres, Collins, 1923.
Avery, Emmet L., "Dancing and Pantomime on the English Stage 1700-1737". En *Studies in Philology* n° 31, julio 1934.
Baddeley, V.C., "Clinton, tradition of the pantomime". En *All Right*, 1954.
Christmas, "Pantomime". En *Eme*, n° 48, diciembre 1946.
Cibber, C., *Apology*, Londres, 1889.
Clinton-Baddel y Victor C., *Some Pantomime Pedigrees*, Londres, Society for Theatre Reseaerch, 1963.
Cook, Dutton, "Harlequin and Co". En *A Book of the Play*, vol. II, Londres, S. Searle and Rivington, 1876.
Dadd, A. H., "History in Pantomime". En *History* n° 12, octubre 1927.

Disher, M. Wilson, *Clowns and Pantomimes* (1925), Benjamin Blom, New York, 1968.
Findlater, Richard, Grimaldi. King of Clowns, New York, Stein and Day, 1968.
Fleetwood, Frances, *Conquest: The Story of a Theatre Family*, Londres, W. H. Aibn, 1953.
Mander, Raymond y Mitchenson, Joe, *Pantomime; A Story in Pictures*, New York, Topliger, 1973.
Mayer, David, *Harlequin in his Element*, Cambridge, Harvard University Press, 1969.
Nettleton, George H., "Pantomime and Ballad Opera". En *English Drama of the restoration and 18th Century*, New York, MacMillan,1932.
Planché, J. R., *Recollections and Reflections*, Londres, 1872.
Randall, Harry, *Harry Randall Old Time Comedian. By Himself*, Londres, S. Law, Marston and Company, 1931.
Raymond, George, *The Life and Enterprises of Robert William Elliston, Comedian*, Londres y New York, Rutledge, 1857.
Reed, Edward Grimaldi, Michelangelo of Bufonery". En *Théatre Arts* n° 21,1937.
Scott, Clement William, "The Lost Art of Pantomime". En *The Drama of Yesterday and Today,* ,Londres - New York, MacMillan, 1899.
Scott, Virginia P., "The Infancy of English Pantomomime: 1716 - 1723". En *Educational Theatre Journal* n° 24, mayo 1972.
Speaight, George, "Pantomime". En *Theatre Notebook* n° 5, enero-marzo 1951.
Waugh, Arturh King, "Pantomime and His Court". En *Nineteenth Century*, diciembre 1931.
Weaver, John, *The History of the Mimes and Pantomimes*, Londres, J. Roberts, 1728.
Wells, Mitchel, "Some notes on Early 18th Century Pantomime". En *Studiens in Philology* n° 23, octubre 1935.
Wells, Mitchel, "Spectacular Scenic Effects of the 18th Century Pantomime". En *Philology Quarterly*, enero 1938.
Wilson, Albert E., *Pantomime Pageant*, Londres, Paul, 1946.
Wilson, Alivert E., *Christmas Pantomimes, Story of an English Institution*, Londres, Allen Unwin,1934.

NOTA
* Nuestra bibliografía ha sido tomada, en parte, de esta obra.

ÍNDICE

Prólogo a la primera edición 5
Prólogo segunda edición 7
Introducción 9

Capítulo 1: El pasado y el futuro 11
- Comienzo y evolución del mimo 11
- Período pre-representativo 11
- Período Greco-Romano 11
- Período latino 12
- La pantomima arlequinada del siglo XIX 12
- El mimo como lenguaje 14
- Necesidad de una sistematización 17
- Utilidad de este trabajo 18

Capítulo 2: ¿Que es el mimo? 19
- Ser mimo. Aspectos diferenciables que configuran la identidad de un mimo, a partir de su entrenamiento y su trabajo interpretativo 22
- Físico (Fis) 22
- Energía (EG) 22
- Movimientos y posturas (Myp) 23
- Espacio circundante (EspC) 23
- Interrelación (int) 24
- Pragmatismo creativo (Pcr) 24
- Hacer mimo. Aspectos diferenciables de la mímica como obra teatral 25
- Argumento 25
- Código 26
- Espacio 27
- Tiempo 28
- Personajes 28
- Público 28
- Hacia una definición del mimo como arte escénico representativo 29

Capítulo 3: El entrenamiento del mimo como arte escénico (I) 31
- Diferenciación e integración de los aspectos que configuran la identidad del mimo 31
- Ser físico (Fis) 31
- Integración del entrenamiento del ser físico con el de los otros aspectos del ser y hacer mimo 40
- Integración de la energía (Eg) con los demás aspectos 45

- Ser movimientos y posturas (myp) 50
- Integración de los movimientos y posturas con los demás aspectos 55
- Integración de ser interrelación (INT) con los demás aspectos 65

Capítulo 4: El entrenamiento del mimo como arte escénico (II) 71
- Diferenciación e integración de los aspectos que configuran el hacer mimo como arte escénico representativo 71
- Argumento (Arg) 71
- Códigos (Cod) 76
- Espacio (Esp) 88
- Figuras clásicas del mimo 97
- Tiempo (Tiemp) 111
- Personajes (Pers) 113
- Mimetismo de un personaje 116
- Mimetos,p de amo,añes 118
- Mimetismo de un animal 119
- Mimetismo de objetos 120
- Desarrollo dramático del mimetismo 120
- Caracterización de personajes 121
- Ser público (Pb) 124

Capítulo 5: El mimo en la educación 127
- Mimesis, imitación y creatividad 127
- Imagen corporal y ubicación espacio-temporal: bases del aprendizaje 129
- Creación, actuación, simbolización 133
- El mimo y la palabra 134

Capítulo 6: El mimo como recurso para la planificación de estrategias pedagógicas 141
- Reconocimiento e identificación consigo mismo 141
- Reconocimiento y ubicación espacial 144
- Ubicación temporal 145
- Preparación al aprendizaje de la matemática y la lectoescritura. Estructuración general del espacio y del tiempo 146
- Clase, conjuntos, colecciones, seriaciones 151
- El mimo y el aprendizaje de una lengua extranjera en un proyecto comunicacional 159
- El mimo en la educación por el arte 162

Bibliografía 165
Índice de fotos y gráficos 175

ÍNDICE DE FOTOS

Foto N° 1	Ernesto Tejeda	.... tapa
Foto N° 2	Errecé	.... solapa
Foto N° 3 y 4	Ernesto Tejeda	..........................pág. 34
Foto N° 4 bis	Ernesto Tejeda	.... pág. 35
Foto N° 5 y 6	Ernesto Tejeda	.... pág. 37
Foto N° 7	Ernesto Tejeda	.... pág. 38
Foto N° 8	Eduardo Gliksman	.......................pág. 38
Foto N° 9	Ernesto Tejeda	.... pág. 39
Foto N° 10	Ernesto Tejeda	.... pág. 51
Foto N° 11 y 12	Ernesto Tejeda	.........................pág. 52
Foto N° 13	Ana Brosler	.... pág. 53
Foto N° 14 y 15	Ernesto Tejeda	.........................pág. 54
Foto N° 16 y 17	Ernesto Tejeda	.... pág. 61
Foto N° 18, 19 y 20	Ernesto Tejeda	.... pág. 62
Foto N° 21	Ernesto Tejeda	........................pág. 63
Foto N° 22	Ernesto Tejeda	........................pág. 64
Foto N° 23	Eduardo Gliksman	.... pág. 72
Foto N° 24	Benoit Chanson	........................pág. 72
Foto N° 25	Claudia Pavón	........................pág. 72
Foto N° 26	Benoit Chanson	.... pág. 73
Foto N° 27 y 28	Eduardo Gliksman	.... pág. 73
Foto N° 29 y 31	Eduardo Gliksman	..........................pág. 82
Foto N° 30	Ernesto Tejeda	........................pág. 82
Foto N° 32 y 33	Ernesto Tejeda	........................pág. 92
Foto N° 34	Ernesto Tejeda	........................pág. 93
Foto N° 35	Ernesto Tejeda	......................pág. 115
Foto N° 36, 37 y 38	Vicki Aldaz–Carlos Vizzoto	.... pág. 126

Esta edición de 2.000 ejemplares
se terminó de imprimir en
Gráfica Guadalupe,
Avda. San Martín 3773,
el mes de marzo de 2004.